中国科学院统计年鉴

STATISTICAL YEARBOOK OF CHINESE ACADEMY OF SCIENCES

2012

中国科学院计划财务局　编

Bureau of Planning and Finance
Chinese Academy of Sciences

科学出版社
北　京
Science Press, Beijing

中国科学院统计年鉴
STATISTICAL YEARBOOK OF
CHINESE ACADEMY OF SCIENCES
2012

中国科学院计划财务局 编
科学出版社 出版
北京东黄城根北街16号
邮政编码: 100717
http://www.sciencep.com
中国科学院印刷厂 印刷
科学出版社出版发行
*
2012年11月第 一 版 开本：787×1092 1/16
2012年11月第一次印刷 印张：21
字数：470 000
ISBN 978-7-03-035813-4
定价：180.00元
(如有印装质量问题，我社负责调换)

《中国科学院统计年鉴》(2012)
编委会和编辑人员

编 者 说 明

一、《中国科学院统计年鉴》(2012)是一部全面反映中国科学院科技工作和各项事业发展的资料性年刊。本年鉴收录了全院及院属各单位2011年的统计数据以及历年全院主要统计数据。

二、本年鉴内容分为12个部分，即：学部，机构，人员，经费，基本建设，科技活动，人才培养与引进，专利、科技论文、获奖成果，院、所投资企业开发经营活动，院地合作，国际合作及与港、澳、台交流，文献情报、图书出版。主要统计指标解释附于各部分之后。

三、本年鉴资料来源于综合、业务及其他管理部门年度统计报表。

四、本年鉴部分数据合计数由于单位取舍不同产生的计算误差均未做机械调整。

五、本年鉴各部分中的“按学科分”汇总数据，均指按机构所属学科分，个别情况已另加“注”说明。

六、本年鉴由中国科学院计划财务局会同院机关有关部门及相关单位共同完成。在编辑出版过程中，编辑部得到了各方面的支持和帮助，在此一并致谢。

EDITOR'S NOTES

1. The *Statistical Yearbook of Chinese Academy of Sciences*, 2012, is an informational almanac which gives an overall description of every major aspect related to CAS's scientific and technological (S&T) activities and its development. It contains statistical data of institutions and organizations of CAS in 2011 as well as its important statistical information in the past year.

2. The Yearbook consists of the following 12 parts: academic divisions; organizations; personnel; funds; capital construction; S&T activities; talent training and recruitment; patents,S&T papers and award-winning achievements; business activities of CAS and its institution invested enterprises; CAS and locality cooperation; international cooperation, and exchanges with Hong Kong, Macao and Taiwan regions; documentation and information; and publication. Explanatory notes on key indicators are attached at the end of each part.

3. Data contained in the Yearbook are selected from the annual statistical reports of various professional and management departments of the Headquarters of CAS.

4. Details may not add to the total in some statistical tables due to rounding. No manual adjustment is made.

5. The definition "By field" in some statistical tables refers to the classification of research fields which the institutes mainly deal with, some special cases have attached notes.

6. The Yearbook is completed by the Bureau of Planning and Finance of CAS in cooperation with the relevant departments of CAS Headquarters and concerned institutions. The Editorial Committee extends its gratitude to all those who have rendered their valuable support and assistance during the preparation of this Yearbook.

目　录
CONTENTS

一、学　部

ACADEMIC DIVISIONS

1-1 历届当选的中国科学院院士(学部委员)人数按学部分布

CAS Members, by Academic Division and Election Year

单位：人 (person)

年 份 Year	合计 Total	数学物理学部 Division of Mathematics and Physics	化学部 Division of Chemistry	生命科学和医学学部 Division of Life Sciences and Medicine	地学部 Division of Earth Sciences	信息技术科学部 Division of Information Technical Sciences	技术科学部 Division of Technological Sciences
总 计 Total	**1194**	**213**	**197**	**254**	**211**	**18**	**301**
1955	172	30	22	60	24		36
1957	18	6	2	5	3		2
1980	283	51	51	53	64		64
1991	210	38	35	34	35		68
1993	59	10	10	11	10		18
1995	59	10	9	12	10		18
1997	58	9	10	12	10		17
1999	55	10	8	11	10		16
2001	56	10	10	12	9		15
2003	58	10	10	11	10		17
2005	51	8	9	12	7	6	9
2007	29	6	6	7	4	1	5
2009	35	6	8	5	5	4	7
2011	51	9	7	9	10	7	9

1-2 现有院士人数按学部分布(2011 年)
Present CAS Members, by Academic Division: 2011

单位：人 (person)

	合计 Total	数学物理学部 Division of Mathematics and Physics	化学部 Division of Chemistry	生命科学和医学学部 Division of Life Sciences and Medicine	地学部 Division of Earth Sciences	信息技术科学部 Division of Information Technical Sciences	技术科学部 Division of Technological Sciences
总计 Total	**727**	**139**	**126**	**128**	**119**	**83**	**132**
其中：女性 Of which: Female	44	8	9	14	6	3	4
中国科学院 CAS	276	64	46	59	53	31	23
高等院校 Institutions of higher education	324	55	73	49	35	39	73
其他单位 Other institutions	127	20	7	20	31	13	36

注：1.另有 64 位中国科学院外籍院士。
Note: In addition, CAS has 64 foreign members.

2. 2004 年 6 月，生物学部更名为生命科学和医学学部，技术科学部划分为信息技术科学部、技术科学部。
In June 2004, Division of Biological Sciences changed its name into Division of Life Sciences and Medicine, while, Division of Technological Sciences was divided into Division of Information Technical Sciences and Division of Technological Sciences.

1-3 中国科学院院士年龄情况(2011 年)
Age Distribution of CAS Members: 2011

单位：人 (person)

	合计 Total	40~49 岁 Aged 40~49	50~59 岁 Aged 50~59	60~69 岁 Aged 60~69	70~79 岁 Aged 70~79	80~89 岁 Aged 80~89	90 岁以上 Aged 90
总计 Total	**727**	**46**	**80**	**84**	**283**	**174**	**60**
数学物理学部 Division of Mathematics and Physics	139	8	10	19	64	30	8
化学部 Division of Chemistry	126	10	23	11	32	37	13
生命科学和医学学部 Division of Life Sciences and Medicine	128	10	20	18	36	36	8
地学部 Division of Earth Sciences	119	3	13	15	57	23	8
信息技术科学部 Division of Information Technical Sciences	83	6	7	7	43	15	5
技术科学部 Division of Technological Sciences	132	9	7	14	51	33	18

1-4 中国科学院学部咨询报告

Consultation Reports Submitted by CAS Academic Divisions

年 份 Year	咨询报告和院士建议 Consultation reports and suggestions (篇) (Article)	学术和科普报告会 Academic and popular science meetings (场) (Time)
2000	29	16
2001	80	12
2002	21	27
2003	39	25
2004	49	93
2005	17	91
2006	34	115
2007	22	65
2008	40	49
2009	34	80
2010	22	78
2011	18	126

注：学部咨询报告和院士建议是根据国家需求，由学部组织或院士个人对国家重大科学技术问题提出的咨询意见和建议。

Note: The consultation reports and suggestions submitted by CAS Academic Divisions or its individual members are, in accordance with the nation's demands, on the national major science and technology issues.

二、机　构

ORGANIZATIONS

2-1 院直属单位发展情况

Development of Units Directly under CAS

单位：个 (unit)

年 份 Year	院直属事业单位 Institutions directly under CAS	科研机构 Research units	院直接投资的控股企业 CAS invested holding enterprises
1949	25	22	
1952	36	31	
1957	97	67	
1962	117	99	
1966	135	106	
1975	80	63	
1980	156	117	
1985	157	122	
1990	159	123	
1994	159	123	5
1995	161	124	5
1996	158	123	8
1997	157	123	10
1998	155	121	10
1999	149	115	8
2000	145	112	8
2001	120	94	18
2002	112	85	23
2003	116	89	23
2004	116	89	21
2005	115	90	21
2006	116	91	22
2007	116	91	24
2008	113	92	24
2009	117	97	24
2010	117	97	22
2011	118	98	22

2-2 院直属事业单位(2011 年)

Institutions Directly under CAS: 2011

序号 No.	单 位 名 称 Unit	序号 No.	单 位 名 称 Unit
	合计: 118 个 Total: 118 units	13	地理科学与资源研究所 Inst. of Geographic Sciences and Natural Resources Research
	北京市:45 个 Beijing: 45 units	14	青藏高原研究所 Inst. of Tibetan Plateau Research
1	数学与系统科学研究院 Academy of Mathematics and Systems Science	15	地质与地球物理研究所 Inst. of Geology and Geophysics
2	物理研究所 Inst. of Physics	16	古脊椎动物与古人类研究所 Inst. of Vertebrate Paleontology and Paleoanthropology
3	声学研究所 Inst. of Acoustics	17	大气物理研究所 Inst. of Atmospheric Physics
4	理论物理研究所 Inst. of Theoretical Physics	18	遥感应用研究所 Inst. of Remote Sensing Application
5	理化技术研究所 Technical Inst. of Physics and Chemistry	19	植物研究所 Inst. of Botany
6	高能物理研究所 Inst. of High Energy Physics	20	动物研究所 Inst. of Zoology
7	国家天文台 National Astronomical Observatories of China	21	心理研究所 Inst. of Psychology
8	力学研究所 Inst. of Mechanics	22	微生物研究所 Inst. of Microbiology
9	化学研究所 Inst. of Chemistry	23	生物物理研究所 Inst. of Biophysics
10	生态环境研究中心 Research Center for Eco-Environmental Sciences	24	遗传与发育生物学研究所 Inst. of Genetics and Developmental Biology
11	国家纳米科学中心 National Center for Nanoscience and Technology	25	北京基因组研究所 Beijing Inst. of Genomics
12	过程工程研究所 Inst. of Process Engineering	26	计算技术研究所 Inst. of Computing Technology

续表 2-2

序号 No.	单位名称 Unit	序号 No.	单位名称 Unit
27	计算机网络信息中心 Computer Network Information Center	44	国家科学图书馆(筹) National Science Library
28	软件研究所 Inst. of Software	45	科学时报社 Science Times
29	信息工程研究所 Inst. of Information Engineering		山西省: 1 个 Shanxi Province: 1 unit
30	半导体研究所 Inst. of Semiconductors	46	山西煤炭化学研究所 Shanxi Inst. of Coal Chemistry
31	微电子研究所 Inst. of Microelectronics		辽宁省: 5 个 Liaoning Province: 5 units
32	电子学研究所 Inst. of Electronics	47	大连化学物理研究所 Dalian Inst. of Chemical Physics
33	光电研究院 Academy of Opto-Electronics	48	沈阳应用生态研究所 Shenyang Inst. of Applied Ecology
34	电工研究所 Inst. of Electrical Engineering	49	沈阳自动化研究所 Shenyang Inst. of Automation
35	工程热物理研究所 Inst. of Engineering Thermophysics	50	金属研究所 Inst. of Metal Research
36	空间科学与应用研究中心 Center for Space Science and Applied Research	51	沈阳分院 Shenyang Branch
37	自动化研究所 Inst. of Automation		吉林省: 4 个 Jilin Province: 4 units
38	对地观测与数字地球科学中心 Center for Earth Observation and Digital Earth	52	长春应用化学研究所 Changchun Inst. of Applied Chemistry
39	自然科学史研究所 Inst. of History of Natural Sciences	53	东北地理与农业生态研究所 Northeast Inst. of Geography and Agroecology
40	科技政策与管理科学研究所 Inst. of Policy and Management	54	长春光学精密机械与物理研究所 Changchun Inst. of Optics，Fine Mechanics and Physics
41	中国科学院机关 CAS Head Office	55	长春分院 Changchun Branch
42	行政管理局 Bureau of Administration and Logistics		上海市: 10 个 Shanghai: 10 units
43	中国科学院研究生院 Graduate University of Chinese Academy of Sciences	56	上海应用物理研究所 Shanghai Inst. of Applied Physics

续表 2-2

序号 No.	单 位 名 称 Unit	序号 No.	单 位 名 称 Unit
57	上海天文台 Shanghai Observatory	71	苏州纳米技术与纳米仿生研究所 Suzhou Inst. of Nano-tech and Nano-bionics
58	上海硅酸盐研究所 Shanghai Inst. of Ceramics	72	南京分院 Nanjing Branch
59	上海有机化学研究所 Shanghai Inst. of Organic Chemistry		安徽省: 2 个 Anhui Province: 2 units
60	上海生命科学研究院 Shanghai Institutes for Biological Sciences	73	合肥物质科学研究院 Hefei Institutes of Physical Sciences
61	上海微系统与信息技术研究所 Shanghai Inst. of Microsystem and Information Technology	74	中国科学技术大学 University of Science and Technology of China
62	上海光学精密机械研究所 Shanghai Inst. of Optics and Fine Mechanics		福建省: 2 个 Fujian Province: 2 units
63	上海技术物理研究所 Shanghai Inst. of Technical Physics	75	福建物质结构研究所 Fujian Inst. of Research on the Structure of Matter
64	上海药物研究所 Shanghai Inst. of Materia Medica	76	城市环境研究所 Inst. of Urban Environment
65	上海分院 Shanghai Branch		江西省: 1 个 Jiangxi Province: 1 unit
	浙江省: 1 个 Zhejiang Province: 1 unit	77	庐山疗养院 Lushan Sanatorium
66	宁波材料技术与工程研究所 Ningbo Inst. of Material Technology and Engineering		山东省: 4 个 Shandong Province: 4 units
	江苏省: 6 个 Jiangsu Province: 6 units	78	海洋研究所 Inst. of Oceanology
67	紫金山天文台 Purple Mountain Observatory	79	青岛疗养院 Qingdao Sanatorium
68	南京地理与湖泊研究所 Nanjing Inst. of Geography and Limnology	80	青岛生物能源与过程研究所 Qingdao Inst. of Bioenergy and Bioprocess Technology
69	南京地质古生物研究所 Nanjing Inst. of Geology and Palaeontology	81	烟台海岸带研究所 Yantai Inst. of Coastal Zone Research
70	南京土壤研究所 Nanjing Inst. of Soil Science		湖北省: 7 个 Hubei Province: 7 units

续表 2-2

序号 No.	单位名称 Unit	序号 No.	单位名称 Unit
82	武汉物理与数学研究所 Wuhan Inst. of Physics and Mathematics	96	广州分院 Guangzhou Branch
83	武汉岩土力学研究所 Wuhan Inst. of Rock and Soil Mechanics		四川省: 4 个 Sichuan Province: 4 units
84	测量与地球物理研究所 Inst. of Geodesy and Geophysics	97	成都山地灾害与环境研究所 Chengdu Inst. of Mountain Hazards and Environment
85	武汉植物园 Wuhan Botanical Garden	98	成都生物研究所 Chengdu Inst. of Biology
86	水生生物研究所 Inst. of Hydrobiology	99	光电技术研究所 Inst. of Optics and Electronics
87	武汉病毒研究所 Wuhan Inst. of Virology	100	成都分院 Chengdu Branch
88	武汉分院 Wuhan Branch		贵州省: 1 个 Guizhou Province: 1 unit
	湖南省:1 个 Hunan Province:1 unit	101	地球化学研究所 Inst. of Geochemistry
89	亚热带农业生态研究所 Inst. of Subtropical Agriculture		云南省: 4 个 Yunnan Province: 4 units
	广东省:7 个 Guangdong Province: 7 units	102	昆明植物研究所 Kunming Inst. of Botany
90	广州地球化学研究所 Guangzhou Inst. of Geochemistry	103	西双版纳热带植物园 Xishuangbanna Tropical Botanical Garden
91	南海海洋研究所 South China Sea Inst. of Oceanology	104	昆明动物研究所 Kunming Inst. of Zoology
92	华南植物园 South China Botanical Garden	105	昆明分院 Kunming Branch
93	广州能源研究所 Guangzhou Inst. of Energy Conversion		陕西省: 4 个 Shaanxi Province: 4 units
94	广州生物医药与健康研究院 Guangzhou Institutes of Biomedicine and Health	106	国家授时中心 National Time Service Center
95	深圳先进技术研究院 Shenzhen Institutes of Advanced Technology	107	西安光学精密机械研究所 Xi'an Inst. of Optics and Precision Mechanics

续表 2-2

序号 No.	单位名称 Unit	序号 No.	单位名称 Unit
108	地球环境研究所 Inst. of Earth Environment		青海省: 2 个 Qinghai Province: 2 units
109	西安分院 Xi'an Branch	114	青海盐湖研究所 Qinghai Inst. of Saline Lakes
	甘肃省: 4 个 Gansu Province: 4 units	115	西北高原生物研究所 Northwest Inst. of Plateau Biology
110	近代物理研究所 Inst. of Modern Physics		新疆维吾尔自治区: 3 个 Xinjiang Uygur Autonomous Region: 3 units
111	兰州化学物理研究所 Lanzhou Inst. of Chemical Physics	116	新疆理化技术研究所 Xinjiang Technical Inst. of Physics and Chemistry
112	寒区旱区环境与工程研究所 Cold and Arid Regions Environmental and Engineering Research Inst.	117	新疆生态与地理研究所 Xinjiang Inst. of Ecology and Geography
113	兰州分院 Lanzhou Branch	118	新疆分院 Xinjiang Branch

2-3　院直接投资的控股企业(2011 年)
CAS Invested Holding Enterprises: 2011

序号 No.	单　位　名　称 Unit
	合计: 22 个 Total: 22 units
	北京市: 12 个 Beijing: 12 units
1	中国科学院国有资产经营有限责任公司 CAS Holdings Co., Ltd.
2	联想控股有限公司 Legend Holdings Co., Ltd.
3	中科实业集团(控股)有限公司 China Sciences Holdings Co., Ltd.
4	东方科学仪器进出口集团有限公司 Oriental Scientific Instrument Import & Export Group Co., Ltd.
5	中国科技出版传媒集团有限公司 China Science Publishing & Media Ltd.
6	中国科技产业投资管理有限公司 China S&T Industry Investment Management Co.,Ltd.
7	北京中科科仪股份有限公司 KYKY Technology Co., Ltd.
8	北京中科院软件中心有限公司 CAS Beijing Software Co., Ltd.
9	中科院建筑设计研究院有限公司 CAS Architectural Design Institute Co., Ltd.
10	北京中科资源有限公司 CAS Beijing Resources Co., Ltd.
11	中科院科技服务有限公司 CAS S&T Service Co., Ltd.
12	国科嘉和（北京）投资管理有限公司 CASH Capital (Beijing) Investment Management Co.,Ltd.
	上海市：1 个 Shanghai：1 unit

续表 2-3

序号 No.	单 位 名 称 Unit
13	上海碧科清洁能源技术有限公司 Shanghai Bi Ke Clean Energy Technology Co., Ltd.
	辽宁省:2 个 Liaoning Province : 2 units
14	中国科学院沈阳计算技术研究所有限公司 CAS Shenyang Institute of Computing Technology Co., Ltd.
15	中国科学院沈阳科学仪器研制中心有限公司 CAS Shenyang Scientific Instrument Development Co., Ltd.
	江苏省:1 个 Jiangsu Province: 1 unit
16	南京中科天文仪器有限公司 CAS Nanjing Astronomic Instrument Co., Ltd.
	四川省:3 个 Sichuan Province: 3 units
17	中国科学院成都有机化学有限公司 CAS Chengdu Organic Chemistry Co., Ltd.
18	中科院成都信息技术有限公司 CAS Chengdu Information Technology Co., Ltd.
19	成都中科唯实仪器有限责任公司 CAS Chengdu Weishi Instrument Co., Ltd.
	广东省: 3 个 Guangdong Province: 3 units
20	中科院广州化学有限公司 CAS Guangzhou Chemistry Co., Ltd.
21	中科院广州电子技术有限公司 CAS Guangzhou Electronics Technology Co., Ltd.
22	深圳中科院知识产权投资有限公司 CAS Shenzhen Intellectual Property Investment Co., Ltd.

主要统计指标解释

1. 院直属单位

院直属单位指经国家正式批准的院直属独立核算单位。独立核算单位的条件是：行政上是具有独立法人资格的单位；财务上独立核算盈亏，独立编制资金平衡表或财务预算、决算表；有权与其他单位签订合同。

2. 事业单位

事业单位指以社会公益为目的，利用国有资产从事科研、服务、教育等活动的院直属具有法人资格的组织。

3. 企业单位

企业单位指院直属从事商品生产、流通、经营和服务性经济活动，以营利为目的并在工商行政管理部门登记的独立核算单位。

Explanatory Notes on Key Indicators

1. Units directly under CAS

This refers to the independent accounting units directly under the jurisdiction of the CAS, which are established on the formal approval of the State. Independent accounting units should enjoy corporate status, assume sole responsibility for their profits or losses, compile independently their financial balance sheets or financial budgets and final accounts, have the right to sign contracts with other organizations and establish their own bank accounts.

2. Institutions

This refers to those units of corporate capacity under CAS, aiming at improving the social welfare, and utilizing the state-owned assets and resources to engage in activities such as scientific research, services, and education.

3. Enterprises

This refers to CAS independent accounting units, which are engaged in the commodity production, circulation and business activities as well as service activities with the aim of making profits and are registered in industrial and commercial administrative departments.

主要统计指标解释

[illegible]

Explanatory Notes on Key Indicators

[illegible]

三、人　员
PERSONNEL

3-1 事业单位在职职工分类情况

Classification of CAS Regular Staff

单位：人 (person)

年份 Year	总计 Total	其中:女性 Of which: Female	干部 Cadres						工人 Workers
			合计 Total	专业技术人员 Professional and technical staff				行政管理人员 Administrative staff	
				小计 Subtotal	高级 Senior	中级 Middle level	初级及未定 Junior and others		
1949	575		416	345	122	112	82	71	159
1950	1063		789	562	165	206	141	227	274
1951	1494		1105	811	220	290	228	294	389
1952	5239		3014	1967	351	405	754	1047	2225
1953	7262		4382	2776	391	470	1309	1606	2880
1954	7043		4745	3296	413	493	1560	1449	2298
1955	7978		5817	4152	488	536	1953	1665	2161
1956	14209		11336	8476	731	815	3735	2860	2873
1957	17294		13347	10566	753	931	4750	2781	3947
1958	34049		21558	14979	752	938	5770	6579	12491
1959	45769		32421	20022	680	847	7103	12399	13348
1960	57976		37505	23898	736	1137	9316	13607	20471
1961	40957		28586	19128	590	1219	9794	9458	12371
1962	42143		32285	23179	623	2113	13198	9106	9858
1963	46198		35355	25264	640	2354	14866	10091	10843
1964	52775		39969	28822	696	2719	16634	11147	12806
1965	60258		44341	30835	688	2874	18375	13506	15917
1966	61681		44900	31109	693	2973	18644	13791	16781
1973	35157		24911	16407	414	1768	11289	8504	10246
1974	36635		25944	17242	408	1764	11907	8702	10691
1975	48716		33134	20749	505	1874	14675	12385	15582
1976	51824		34736	19915	429	1903	15496	14821	17088
1977	54756		36811	20592	413	1894	17357	16219	17945
1978	79755		52045	38189	1261	10380	19253	13856	27710
1979	83488	28544	55076	43058	2238	21411	19409	12018	28412
1980	84497	28897	55813	44098	2737	22795	18566	11715	28684
1981	76644	26319	50026	40239	2724	22016	15499	9787	26618
1982	78109	26728	52092	42931	3076	25267	14588	9161	26017
1983	78439	26786	52610	44295	3283	26014	14998	8315	25829
1984	80792			44850	3204		16120	9249	26693
1985	81501			46056	3491		17371	9145	26300

续表 3-1

年份 Year	总计 Total	其中:女性 Of which: Female	干部 Cadres 合计 Total	专业技术人员 Professional and technical staff 小计 Subtotal	高级 Senior	中级 Middle level	初级及未定 Junior and others	行政管理人员 Adminis-trative staff	工人 Workers
1986	82326	28484	57363	49865	8358	22716	18791	7498	24963
1987	82721	28624	59667	52628	10638	23138	18852	7039	23054
1988	83969	29248	62328	55910	12010	24413	19487	6418	21641
1989	84287	29157	63499	57550	13280	24328	19942	5949	20788
1990	84848	29031	64554	59028	14574	25043	19411	5526	20294
1991	84909	29088	65179	59800	14810	24621	20369	5379	19730
1992	83909	28638	64592	59387	15612	24714	19061	5205	19317
1993	81456	27645	62930	57878	16735	24468	16675	5052	18526
1994	78295	26462	60443	55565	17267	23649	14649	4878	17852
1995	75039	25314	58021	52992	17774	22446	12772	5029	17018
1996	71763	24224	55523	47789	16712	19842	11235	7734	16240
1997	68292	23073	52721	45124	16618	18397	10109	7597	15571
1998	65003	21980	49983	42693	16031	17169	9493	7290	15020
1999	61681	20612	47264	40175	15031	15992	9152	7089	14417
2000	58683	19472	44991	38319	14542	15135	8642	6672	13692
2001	54972	18027	42601	36343	14091	13991	8261	6258	12371
2002	45561	14859	35973	30596	13081	11429	6086	5377	9588
2003	43760	14250	34673	29387	12736	10771	5880	5286	9087
2004	43162	13918	34611	29474	13058	10852	5564	5137	8551
2005	43140	13770	34923	29932	13119	11180	5633	4991	8217
2006	43446	13812	35791	30677	13532	11601	5544	5114	7655
2007	43817	13907	36648	31479	13639	12298	5542	5169	7169
2008	50340	16381	43082	37623	14772	13903	8948	5459	7258
2009	54574	17771	47486	41992	16271	15514	10207	5494	7088
2010	57849	19057	50863	45427	17649	17108	10670	5436	6986
2011	60683	20209	53934	48425	19050	18650	10725	5509	6749

注: 1. 1949~1978 年专业技术人员中，高级、中级、初级仅包括科研人员和高校教学人员，因此专业技术人员小计>高级+中级+初级。

Note: The data of senior, middle level and junior in the category of professional and technical staff from 1949 to 1978 only include research and technical people and teaching staff in the universities. Therefore, the total number of professional and technical staff is more than that of the senior, middle and junior level.

2. 1967~1972 年全院职工分类无统计数据。女性职工 1949~1978 年无统计数据。

The statistical data for female staff from 1949 to 1978 and that for the total CAS staff from 1967 to 1972 are not available.

3. 自 2002 年起，在职职工人数的统计范围仅指院属事业单位在编职工。

Since 2002, the number of regular staff only refers to all the regular staff of CAS institutions.

4. 自 2008 年起，事业单位在职职工人数的统计范围是指院属事业单位在编职工和项目聘用人员。

Since 2008, the number of regular staff includes both the regular staff of all CAS institutions and the staff by project contract.

3-2 事业单位在职职工及

CAS Regular Staff and

单位：人

系统及单位 System and unit	在职职工 总　计 Regular staff total	其中: 女性 Of which: Female
总计 Total	**60683**	**20209**
一、按系统分 By system		
(一) 科研机构 Research units		
数学、物理 Mathematics & physics	10900	3109
化学与化工 Chemistry & chemical engineering	7417	2463
地学 Earth sciences	7146	2222
生物学 Biological sciences	10239	4495
技术科学 Technological sciences	16738	4756
其他 Others	238	93
(二) 学校及公共支撑机构 Universities and public supporting organizations		
技术支撑 Supporting organizations	606	218
学校 Universities	3702	1184
文献情报、新闻出版 Documentation,information & publication	773	419
服务与福利 Service & welfare	1400	741
(三) 管理机构 Management organizations		
中国科学院本部 CAS Headquarters	526	168
地区管理部门 CAS Branches	998	341

离退休人员情况(2011 年)

Retired Personnel: 2011

(person)

干 部 Cadres							工 人 Workers	离、退休人员总数 Total retired personnel
合 计 Total	专业技术人员 Professional and technical staff					行政管理人员 Adminis-trative staff		
	小 计 Subtotal	高 级 Senior	其中：正高级 Of which: Full professorship	中 级 Middle level	初级及未定 Junior and others			
53934	**48425**	**19050**	**7246**	**18650**	**10725**	**5509**	**6749**	**44842**
9563	8704	3585	1408	3233	1886	859	1337	8621
6741	6312	2587	922	2405	1320	429	676	5833
6684	5923	2711	1196	2354	858	761	462	4897
9457	8536	3065	1339	3498	1973	921	782	6667
14679	13755	4948	1562	5221	3586	924	2059	12975
235	201	98	44	88	15	34	3	115
604	582	113	15	209	260	22	2	46
3219	2771	1543	641	1011	217	448	483	2375
743	654	194	58	281	179	89	30	457
706	564	27	2	152	385	142	694	839
510	89	60	29	29		421	16	685
793	334	119	30	169	46	459	205	1332

系统及单位 System and unit	在职职工 总　计 Regular staff total	其中: 女性 Of which: Female
二、按单位分 By unit		
北京市 Beijing		
数学与系统科学研究院 Academy of Mathematics and Systems Science	358	110
物理研究所 Inst. of Physics	505	156
声学研究所 Inst. of Acoustics	755	202
理论物理研究所 Inst. of Theoretical Physics	61	19
理化技术研究所 Technical Inst. of Physics and Chemistry	454	141
高能物理研究所 Inst. of High Energy Physics	1352	443
国家天文台 National Astronomical Observatories of China	1076	305
力学研究所 Inst. of Mechanics	493	137
化学研究所 Inst. of Chemistry	586	253
生态环境研究中心 Research Center for Eco-Environmental Sciences	377	142
国家纳米科学中心 National Center for Nanoscience and Technology	186	87
过程工程研究所 Inst. of Process Engineering	468	178
地理科学与资源研究所 Inst. of Geographic Sciences and Natural Resources Research	787	264
遥感应用研究所 Inst. of Remote Sensing Application	333	117
地质与地球物理研究所 Inst. of Geology and Geophysics	700	174
青藏高原研究所 Inst. of Tibetan Plateau Research	210	67
古脊椎动物与古人类研究所 Inst. of Vertebrate Paleontology and Paleoanthropology	141	48

续表 3-2

干部 Cadres							工人 Workers	离、退休人员总数 Total retired personnel
合计 Total	专业技术人员 Professional and technical staff					行政管理人员 Administrative staff		
	小计 Subtotal	高级 Senior	其中：正高级 Of which: Full professorship	中级 Middle level	初级及未定 Junior and others			
344	279	183	118	91	5	65	14	308
455	404	278	132	79	47	51	50	524
711	663	258	83	293	112	48	44	589
61	51	35	28	8	8	10		40
417	373	192	72	147	34	44	37	409
1160	1062	433	160	430	199	98	192	1168
952	866	362	139	273	231	86	124	586
428	396	203	66	134	59	32	65	491
559	537	282	95	162	93	22	27	550
366	343	142	56	161	40	23	11	328
186	174	60	28	68	46	12		
449	405	179	45	190	36	44	19	339
748	694	279	160	281	134	54	39	550
319	288	113	38	122	53	31	14	106
641	557	272	126	249	36	84	59	590
210	194	83	32	63	48	16		1
141	118	78	32	34	6	23		142

系统及单位 System and unit	在职职工 总　计 Regular staff total	其中: 女性 Of which: Female
大气物理研究所 Inst. of Atmospheric Physics	446	167
植物研究所 Inst. of Botany	672	315
动物研究所 Inst. of Zoology	393	177
心理研究所 Inst. of Psychology	188	109
微生物研究所 Inst. of Microbiology	471	263
生物物理研究所 Inst. of Biophysics	515	278
遗传与发育生物学研究所 Inst. of Genetics and Developmental Biology	526	236
北京基因组研究所 Beijing Inst. of Genomics	275	145
计算技术研究所 Inst. of Computing Technology	682	217
软件研究所 Inst. of Software	517	187
半导体研究所 Inst. of Semiconductors	652	214
微电子研究所 Inst. of Microelectronics	878	295
电子学研究所 Inst. of Electronics	910	297
光电研究院 Academy of Opto-Electronics	229	81
自动化研究所 Inst. of Automation	625	186
电工研究所 Inst. of Electrical Engineering	413	114
工程热物理研究所 Inst. of Engineering Thermophysics	319	86
空间科学与应用研究中心 Center for Space Science and Applied Research	601	203
对地观测与数字地球科学中心 Center for Earth Observation and Digital Earth	307	91

干部 Cadres							工人 Workers	离、退休人员总数 Total retired personnel
合计 Total	专业技术人员 Professional and technical staff					行政管理人员 Administrative staff		
	小计 Subtotal	高级 Senior	其中：正高级 Of which: Full professorship	中级 Middle level	初级及未定 Junior and others			
423	390	180	73	197	13	33	23	307
619	567	204	80	302	61	52	53	507
375	341	152	73	153	36	34	18	365
185	163	81	31	75	7	22	3	102
450	415	164	70	182	69	35	21	324
498	437	170	79	188	79	61	17	473
498	424	203	78	188	33	74	28	455
263	241	45	24	96	100	22	12	
641	613	255	61	314	44	28	41	968
499	456	158	63	194	104	43	18	221
571	530	205	94	201	124	41	81	636
788	750	227	66	284	239	38	90	562
877	848	258	75	369	221	29	33	769
223	205	73	30	83	49	18	6	2
602	577	189	65	235	153	25	23	306
381	350	150	38	132	68	31	32	378
313	286	109	33	135	42	27	6	128
582	544	284	52	206	54	38	19	475
291	260	102	35	109	49	31	16	73

系统及单位 System and unit	在职职工 总　计 Regular staff total	其中: 女性 Of which: Female
自然科学史研究所 Inst. of History of Natural Sciences	109	44
科技政策与管理科学研究所 Inst. of Science Policy and Management	129	49
中国科学院研究生院 Graduate University of Chinese Academy of Sciences	709	308
信息工程研究所 Inst. of Information Engineering	45	16
计算机网络信息中心 Computer Network Information Center	606	218
国家科学图书馆(筹) National Science Library	298	188
科学时报社 Science Times	176	94
行政管理局 Bureau of Administration and Logistics	1362	728
中国科学院本部 CAS Headquarters	526	168
山西省 Shanxi Province		
山西煤炭化学研究所 Shanxi Inst. of Coal Chemistry	574	180
辽宁省、山东省 Liaoning and Shandong Provinces		
大连化学物理研究所 Dalian Inst. of Chemical Physics	1173	399
沈阳应用生态研究所 Shenyang Inst. of Applied Ecology	414	159
沈阳自动化研究所 Shenyang Inst. of Automation	825	105
金属研究所 Inst. of Metal Research	1268	336
海洋研究所 Inst. of Oceanology	633	171
青岛生物能源与过程研究所 Qingdao Inst. of Bioenergy and Bioprocess Technology	353	89

续表 3-2

干部 Cadres							工人 Workers	离、退休人员总数 Total retired personnel
合计 Total	专业技术人员 Professional and technical staff					行政管理人员 Administrative staff		
	小计 Subtotal	高级 Senior	其中：正高级 Of which: Full professorship	中级 Middle level	初级及未定 Junior and others			
106	92	39	22	41	12	14	3	71
129	109	59	22	47	3	20		44
633	455	332	139	111	12	178	76	525
45	37	10	4	22	5	8		
604	582	113	15	209	260	22	2	46
282	255	94	34	122	39	27	16	267
176	143	28	2	51	64	33		7
694	562	27	2	151	384	132	668	811
510	89	60	29	29		421	16	685
464	421	162	55	172	87	43	110	474
1082	1026	444	135	384	198	56	91	865
380	342	156	57	140	46	38	34	351
674	618	244	83	263	111	56	151	498
1003	944	379	120	329	236	59	265	832
557	499	206	94	240	53	58	76	664
336	318	62	25	174	82	18	17	

系统及单位 System and unit	在职职工 总　计 Regular staff total	其中: 女性 Of which: Female
烟台海岸带研究所 Yantai Inst. of Coastal Zone Research	177	70
青岛疗养院 Qingdao Sanatorium	9	4
沈阳分院 Shenyang Branch	48	14
吉林省 Jilin Province		
长春应用化学研究所 Changchun Inst. of Applied Chemistry	896	247
东北地理与农业生态研究所 Northeast Inst. of Geography and Agroecology	384	119
长春光学精密机械与物理研究所 Changchun Inst. of Optics, Fine Mechanics and Physics	2338	525
长春分院 Changchun Branch	50	19
上海市、福建省、浙江省 Shanghai, Fujian Province and Zhejiang Province		
上海应用物理研究所 Shanghai Inst. of Applied Physics	933	274
上海天文台 Shanghai Observatory	236	71
上海硅酸盐研究所 Shanghai Inst. of Ceramics	722	200
上海有机化学研究所 Shanghai Inst. of Organic Chemistry	593	203
上海药物研究所 Shanghai Inst. of Materia Medica	656	329
上海生命科学研究院 Shanghai Institutes for Biological Sciences	1924	929
上海微系统与信息技术研究所 Shanghai Inst. of Microsystem and Information Technology	801	232
上海光学精密机械研究所 Shanghai Inst. of Optics and Fine Mechanics	824	227
上海技术物理研究所 Shanghai Inst. of Technical Physics	782	236

续表 3-2

干部 Cadres							工人 Workers	离、退休人员总数 Total retired personnel
合计 Total	专业技术人员 Professional and technical staff					行政管理人员 Administrative staff		
	小计 Subtotal	高级 Senior	其中：正高级 Of which: Full professorship	中级 Middle level	初级及未定 Junior and others			
174	158	49	21	74	35	16	3	
2	1			1		1	7	3
42	17	10	5	5	2	25	6	85
777	721	303	113	333	85	56	119	799
350	295	130	62	111	54	55	34	230
1994	1947	731	210	762	454	47	344	2799
45	27	10	2	13	4	18	5	50
796	768	225	79	305	238	28	137	792
216	199	94	45	72	33	17	20	271
590	545	240	80	215	90	45	132	660
534	506	236	85	179	91	28	59	818
617	569	181	91	213	175	48	39	371
1763	1613	523	264	651	439	150	161	1431
676	632	177	79	199	256	44	125	768
665	608	245	83	228	135	57	159	860
718	670	282	114	205	183	48	64	656

系统及单位 System and unit	在职职工 总　计 Regular staff total	其中: 女性 Of which: Female
福建物质结构研究所 Fujian Inst. of Research on the Structure of Matter	525	164
宁波材料技术与工程研究所 Ningbo Inst. of Material Technology and Engineering	448	141
城市环境研究所 Inst. of Urban Environment	144	40
上海分院 Shanghai Branch	205	52
江苏省 Jiangsu Province		
紫金山天文台 Purple Mountain Observatory	295	65
南京地理与湖泊研究所 Nanjing Inst. of Geography and Limnology	222	63
南京地质古生物研究所 Nanjing Inst. of Geology and Palaeontology	189	64
南京土壤研究所 Nanjing Inst. of Soil Science	292	73
苏州纳米技术与纳米仿生研究所 Suzhou Inst. of Nano-Tech and Nano-Bionics	426	132
南京分院 Nanjing Branch	28	9
安徽省 Anhui Province		
合肥物质科学研究院 Hefei Institutes of Physical Sciences	1865	489
中国科学技术大学 University of Science and Technology of China	2993	876
江西省 Jiangxi Province		
庐山疗养院 Lushan Sanatorium	29	9
湖北省 Hubei Province		
武汉物理与数学研究所 Wuhan Inst. of Physics and Mathematics	404	112

续表 3-2

干部 Cadres							工人 Workers	离、退休人员总数 Total retired personnel
合计 Total	专业技术人员 Professional and technical staff					行政管理人员 Administrative staff		
	小计 Subtotal	高级 Senior	其中：正高级 Of which: Full professorship	中级 Middle level	初级及未定 Junior and others			
505	476	116	62	180	180	29	20	343
439	387	105	46	92	190	52	9	
144	120	45	20	40	35	24		
154	64	18	2	40	6	90	51	223
260	232	96	47	74	62	28	35	273
209	190	103	36	82	5	19	13	168
176	166	98	40	53	15	10	13	226
269	253	119	48	118	16	16	23	324
426	426	130	52	154	142			
26	9	5	3		4	17	2	46
1630	1488	579	224	613	296	142	235	1391
2586	2316	1211	502	900	205	270	407	1850
10	1				1	9	19	25
368	325	137	50	148	40	43	36	305

系统及单位 System and unit	在职职工 总　计 Regular staff total	其中: 女性 Of which: Female
武汉岩土力学研究所 Wuhan Inst. of Rock and Soil Mechanics	484	98
测量与地球物理研究所 Inst. of Geodesy and Geophysics	143	40
武汉植物园 Wuhan Botanical Garden	270	102
水生生物研究所 Inst. of Hydrobiology	351	125
武汉病毒研究所 Wuhan Inst. of Virology	240	116
国家科学图书馆武汉分馆(筹) Wuhan Branch of National Science Library	108	38
武汉分院 Wuhan Branch	95	27
广东省、湖南省 Guangdong and Hunan Provinces		
广州地球化学研究所 Guangzhou Inst. of Geochemistry	329	109
南海海洋研究所 South China Sea Inst. of Oceanology	498	142
华南植物园 South China Botanical Garden	419	168
广州生物医药与健康研究院 Guangzhou Institutes of Biomedicine and Health	360	152
广州能源研究所 Guangzhou Inst. of Energy Conversion	364	142
亚热带农业生态研究所 Inst. of Subtropical Agriculture	218	78
深圳先进技术研究院 Shenzhen Institutes of Advanced Technology	813	290
广州分院 Guangzhou Branch	43	14
四川省 Sichuan Province		
成都山地灾害与环境研究所 Chengdu Inst. of Mountain Hazards and Environment	282	93

续表 3-2

干部 Cadres							工人 Workers	离、退休人员总数 Total retired personnel
合计 Total	专业技术人员 Professional and technical staff					行政管理人员 Administrative staff		
	小计 Subtotal	高级 Senior	其中：正高级 Of which: Full professorship	中级 Middle level	初级及未定 Junior and others			
399	374	96	35	113	165	25	85	326
130	99	60	28	25	14	31	13	69
230	209	78	28	88	43	21	40	120
315	280	126	57	93	61	35	36	232
229	201	70	31	75	56	28	11	149
108	102	23	7	55	24	6		60
76	11	4		6	1	65	19	163
314	266	157	60	75	34	48	15	319
458	415	181	76	167	67	43	40	394
342	298	123	51	98	77	44	77	328
337	309	50	36	88	171	28	23	
329	307	93	28	100	114	22	35	156
206	196	69	31	64	63	10	12	81
813	732	148	48	227	357	81		
38	16	6	5	4	6	22	5	41
271	229	84	44	97	48	42	11	215

系统及单位 System and unit	在职职工 总　计 Regular staff total	其中: 女性 Of which: Female
成都生物研究所 Chengdu Inst. of Biology	334	127
光电技术研究所 Inst. of Optics and Electronics	1252	323
国家科学图书馆成都分馆(筹) The Chengdu Branch of the National Science Library	83	43
成都分院 Chengdu Branch	99	34
云南省、贵州省 Yunnan and Guizhou Provinces		
地球化学研究所 Inst. of Geochemistry	377	119
昆明植物研究所 Kunming Inst. of Botany	452	169
西双版纳热带植物园 Xishuangbanna Tropical Botanical Garden	342	120
昆明动物研究所 Kunming Inst. of Zoology	384	179
昆明分院 Kunming Branch	43	15
陕西省 Shaanxi Province		
地球环境研究所 Inst. of Earth Environment	113	32
西安光学精密机械研究所 Xi'an Inst. of Optics and Precision Mechanics	845	212
国家授时中心 National Time Service Center	458	131
西安分院 Xi'an Branch	50	14
甘肃省、青海省 Gansu and Qinghai Provinces		
近代物理研究所 Inst. of Modern Physics	829	215

续表 3-2

干部 Cadres							工人 Workers	离、退休人员总数 Total retired personnel
合计 Total	专业技术人员 Professional and technical staff					行政管理人员 Administrative staff		
	小计 Subtotal	高级 Senior	其中：正高级 Of which: Full professorship	中级 Middle level	初级及未定 Junior and others			
314	268	119	46	115	34	46	20	278
873	815	296	64	310	209	58	379	1228
81	69	22	5	26	21	12	2	50
82	29	10	5	16	3	53	17	210
351	286	164	65	97	25	65	26	254
429	385	139	55	130	116	44	23	249
294	243	76	25	102	65	51	48	233
333	308	77	29	104	127	25	51	149
37	3	3	2			34	6	69
113	108	45	34	28	35	5		13
682	639	228	71	222	189	43	163	660
295	235	61	26	90	84	60	163	408
48	18	9	2	5	4	30	2	37
778	719	225	71	250	244	59	51	575

系统及单位 System and unit	在职职工 总　计 Regular staff total	其中: 女性 Of which: Female
兰州化学物理研究所 Lanzhou Inst. of Chemical Physics	672	209
寒区旱区环境与工程研究所 Cold and Arid Regions Environmental and Engineering Research Inst.	628	161
青海盐湖研究所 Qinghai Inst. of Saline Lakes	219	69
西北高原生物研究所 Northwest Inst. of Plateau Biology	190	57
国家科学图书馆兰州分馆(筹) The Lanzhou Branch of the National Science Library	108	56
兰州分院 Lanzhou Branch	198	86
新疆维吾尔自治区 Xinjiang Uygur Autonomous Region		
新疆理化技术研究所 Xinjiang Technical Inst. of Physics and Chemistry	342	141
新疆生态与地理研究所 Xinjiang Inst. of Ecology and Geography	410	162
新疆分院 Xinjiang Branch	139	57

续表 3-2

干部 Cadres							工人 Workers	离、退休人员总数 Total retired personnel
合计 Total	专业技术人员 Professional and technical staff					行政管理人员 Administrative staff		
	小计 Subtotal	高级 Senior	其中：正高级 Of which: Full professorship	中级 Middle level	初级及未定 Junior and others			
609	565	234	90	162	169	44	63	393
574	508	251	104	176	81	66	54	461
194	167	59	26	45	63	27	25	264
175	156	78	30	61	17	19	15	145
96	85	27	10	27	31	11	12	73
148	87	31		49	7	61	50	213
293	270	128	33	113	29	23	49	165
381	343	133	51	143	67	38	29	188
97	53	13	4	31	9	44	42	195

3-3 事业单位在职职工年龄情况(2011 年)
Age Distribution of CAS Regular Staff: 2011

单位：人 (person)

	合 计 Total	30 岁及以下 Under 30	31~35 岁 31~35	36~40 岁 36~40	41~45 岁 41~45	46~50 岁 46~50	51~55 岁 51~55	56~60 岁 56~60	60 岁以上 60 and above
在职职工总数 Total regular staff	**60683**	**16551**	**11737**	**7196**	**6763**	**8875**	**4843**	**4184**	**534**
科研机构 Research units	52678	15079	10474	6202	5626	7458	3920	3447	472
学校及公共支撑机构 Universities and public supporting organizations	6481	1333	1077	833	893	1093	679	524	49
管理机构 Management organizations	1524	139	186	161	244	324	244	213	13
专业技术人员 Various kinds of professional staff	**48425**	**15080**	**10811**	**6213**	**4980**	**6215**	**2713**	**1901**	**512**
科研机构 Research units	43431	14037	9823	5486	4279	5376	2317	1654	459
学校及公共支撑机构 Universities and public supporting organizations	4571	1004	926	671	622	741	339	220	48
管理机构 Management organizations	423	39	62	56	79	98	57	27	5
高级职称 Senior professionals	**19050**	**413**	**3501**	**3969**	**3437**	**4307**	**1702**	**1240**	**481**
科研机构 Research units	16994	379	3203	3616	3074	3793	1446	1052	431
学校及公共支撑机构 Universities and public supporting organizations	1877	33	285	335	324	461	222	172	45
管理机构 Management organizations	179	1	13	18	39	53	34	16	5

续表 3-3

	合 计 Total	30 岁及以下 Under 30	31~35 岁 31~35	36~40 岁 36~40	41~45 岁 41~45	46~50 岁 46~50	51~55 岁 51~55	56~60 岁 56~60	60 岁以上 60 and above
正高级 Full professorship	**7246**	**23**	**370**	**1084**	**1696**	**2367**	**777**	**468**	**461**
科研机构 Research units	6471	18	316	995	1550	2119	665	397	411
学校及公共支撑机构 Universities and public supporting organizations	716	5	54	89	133	224	101	65	45
管理机构 Management organizations	59				13	24	11	6	5
中级职称 Middle level professionals	**18650**	**6402**	**6223**	**1862**	**1248**	**1537**	**808**	**555**	**15**
科研机构 Research units	16799	6104	5703	1544	962	1269	696	506	15
学校及公共支撑机构 Universities and public supporting organizations	1653	274	481	285	254	227	94	38	
管理机构 Management organizations	198	24	39	33	32	41	18	11	

3-4 事业单位在职职工学位和学历情况(2011 年)

CAS Regular Staff, by Academic Degree and Qualification: 2011

单位：人 (person)

	学 位 Academic degrees			学 历 Academic qualification				
	博士 Ph.D.	硕士 MS	学士 Bachelor	研究生 Post graduates	大学 University graduates	大专 Specialized higher school graduates	中专 Specialized secondary school graduates	其他 Others
总 计 Total	**19636**	**13575**	**8946**	**33164**	**13222**	**5881**	**1596**	**6820**
科研机构 Research units	18047	12122	7558	30064	10851	4741	1292	5730
数学、物理 Mathematics & physics	3567	2156	1501	5738	2347	1100	286	1429
化学与化工 Chemistry & chemical engineering	2881	1462	1210	4301	1594	579	147	796
地学 Earth sciences	3337	1043	831	4399	1251	697	130	669
生物学 Biological sciences	3806	2344	1479	6176	1997	878	246	942
技术科学 Technological sciences	4332	5062	2508	9271	3622	1472	482	1891
其他 Others	124	55	29	179	40	15	1	3
学校及公共支撑机构 Universities and public supporting organizations	1400	1216	1110	2663	1796	895	245	882
管理机构 Management organizations	189	237	278	437	575	245	59	208

主要统计指标解释

1. 事业单位在职职工

指由本机构直接组织安排工作并支付工资的年末在册各类人员。不包括离、退休人员。

2. 专业技术人员

指聘任了专业技术职务或专业技术职务见习期内的人员。

高级：指研究员、副研究员；教授、副教授；高级工程师；高级农艺师；正、副主任医(药、护、技)师；高级实验师；高级统计师；高级经济师；高级会计师；正、副编审；正、副译审；高级(主任)记者；正、副研究馆员等。

中级：指助理研究员；讲师；工程师；农艺师；主治医(药、护、技)师；实验师；统计师；经济师；会计师；编辑；翻译；记者；馆员等。

初级：指研究实习员；助教；助理工程师、技术员；助理农艺师、农业技术员；医(药、护、技)师、医(药、护、技)士；助理实验师、实验员；助理统计师、统计员；助理经济师；助理会计师、会计员；助理编辑、见习编辑；助理翻译；助理记者；助理馆员、管理员等。

3. 离、退休人员总数

指历年由本机构离、退休，并在本机构领取离、退休费的人员。

4. 学位和学历

指由人事部门或干部部门根据国家有关规定，填报的本机构职工总数中人员的学位和学历情况(均指获得的最高学位和最高学历)。

Explanatory Notes on Key Indicators

1. Regular staff

Regular staff refers to persons who are on the year-end payroll, working directly under the management of an institution or unit and receiving remuneration for their work. The retired are not included.

2. Professional and technical staff

This refers to those who have acquired professional or technical titles or who are in the probation period of those titles.

Senior: research fellow and associate research fellow, professor and associate professor, senior engineer, senior agronomist, chief (and associate chief) physician (pharmacist, nurse and technician), senior laboratorian, senior statistician, senior economist, senior accountant, senior editor and associate senior editor, translation editor and associate translation editor, senior journalist, senior librarian and associate librarian, and so on.

Middle level: research associate, lecturer, engineer, agronomist, physician (pharmacist, nurse and technician) in charge, laboratorian, statistician, economist, accountant, editor, translator, journalist, librarian, and so on.

Junior: research assistant, teaching assistant, assistant engineer, technician, assistant agronomist, agrotechnician, physician (pharmacist, nurse and technician), assistant laboratorian, laboratory technician, assistant physician (pharmacist, nurse and technician), assistant statistician, statistical clerk, assistant economist, assistant accountant, accounting clerk, assistant editor, intership,assistant translator, assistant journalist, library assistant, library clerk, and so on.

3. Total retired personnel

Total retired personnel refers to the total number of staff who retired from CAS and draw their pension from CAS.

4. Academic degrees and qualifications

This heading reflects the basic status of academic degrees and qualifications of the staff in a particular institution or unit, compiled by the personnel department according to relevant state regulations, and only the highest academic degrees and qualifications are recorded.

四、经 费

FUNDS

4-1 事业单位总收入、支出情况

Total Income and Expenditure of CAS Institutions

单位：万元 (ten thousand yuan)

年 份 Year	总收入 Total income	比上年增长(%) Percentage of increase to that of last year	总支出 Total expenditure	比上年增长(%) Percentage of increase to that of last year
1986	89572	—	87591	13
1987	101817	13.7	93382	6.6
1988	126570	24.3	104103	11.5
1989	131026	3.5	115530	11
1990	149252	13.9	132041	14.3
1991	151004	1.2	145579	10.3
1992	188906	25.1	191372	31.5
1993	240277	27.2	237560	24.1
1994	290668	21	277266	16.7
1995	322500	11	313395	13
1996	324959	0.8	330587	5.5
1997	408797	25.8	364661	10.3
1998	493598	20.7	367110	0.7
1999	545206	10.5	426170	16.1
2000	713798	30.9	572464	34.3
2001	806083	12.9	696939	21.7
2002	1007421	25	877392	25.9
2003	977810	-2.9	990997	13
2004	1221649	24.9	1115258	12.5
2005	1275183	4.4	1241790	11.3
2006	1455250	14.1	1310501	5.5
2007	1703971	17.1	1574835	20.2
2008	2115483	24.2	1837346	16.7
2009	2286105	8.1	2369638	29
2010	2661649	16.4	2675838	12.9
2011	3317606	24.6	3240279	21.1

注: 1. 表 4 以中国科学院财务决算口径统计。
Note: Table 4 is based on the specifications for CAS final financial accounts.

2. 1997 年起开始执行国家颁布的“科学事业单位财务制度”。
Since 1997, the “Financial System for Scientific Institutions” issued by the State has been implemented.

3. “总收入”不包括基本建设投资、教育事业费收入。
“The total income” does not include the investment of capital construction and education income.

4. 自 2001 年起，事业单位总收入和总支出中包括转制单位的财政补助收入及支出。
Since 2001, the total income and expenditure of CAS scientific institutions has included the financial subsidiary income and expenditure of these transfered institutions.

4-2 事业单位总收

Total Income of

单位：万元

系统及单位 System and unit	合 计 Total	财政补助收 入 Financial subsidiary income	拨入专款 Special funds allocated
总 计 Total	**3317606**	**1749839**	**38667**
一、按系统分 By system			
(一) 科研机构 Research units	2936798	1552974	34256
数学、物理 Mathematics & physics	582942	378116	4771
化学与化工 Chemistry & chemical engineering	412404	214771	2906
地学 Earth sciences	393905	228789	7678
生物学 Biological sciences	536351	306122	10427
技术科学 Technological sciences	996552	413689	8228
其他 Others	14644	11488	246
(二) 学校及公共支撑机构 Universities and public supporting organizations	256832	116030	1585
技术支撑 Technical supporting organizations	40007	6766	7
学校 Universities	156697	71318	1138
文献情报、新闻出版 Documentation information & publication	40887	26591	441
服务与福利 Service & welfare	19241	11356	
(三) 管理机构 Management organizations	107078	64354	2624
中国科学院本部 CAS Headquarters	76096	40887	1165
地区管理部门 CAS Branches	30982	23467	1459
(四) 其他 Others	16899	16481	201

入情况(2011 年)
CAS Institutions: 2011

(ten thousand yuan)

事业收入 Operating income	科研收入 Scientific research income	技术收入 Technical income	试制产品收入 Income from trial-production of products	预算外资金收入 Income from non-budgetary funds	经营收入 Business income	其他收入 Other income
1364482	**1135519**	**138778**	**63100**	**9451**	**49563**	**115056**
1240221	1032410	130624	63100	465	45633	63713
175590	161038	12273		441	17578	6887
175812	129187	39014	6741		4134	14780
149497	139480	8671		6	3376	4564
206587	181084	17240	45		1392	11823
529957	418899	53425	56314	18	19139	25539
2778	2722				13	120
121151	102018	7040		8156	1232	16833
32316	30916	745				919
75465	62196	5114		8156	718	8058
13370	8906	1182			292	193
					222	7664
3036	1091	1114		831	2591	34474
973	973				992	32079
2062	118	1114		831	1598	2395
74					142	

系统及单位 System and unit	合 计 Total	财政补助收 入 Financial subsidiary income	拨入专款 Special funds allocated
二、按科研单位分 By institute			
北京市 Beijing	1196054	621977	12503
数学与系统科学研究院 Academy of Mathematics and Systems Science	20552	16173	474
物理研究所 Inst. of Physics	44322	21763	684
声学研究所 Inst. of Acoustics	61290	28737	80
理论物理研究所 Inst. of Theoretical Physics	3896	2757	15
理化技术研究所 Technical Inst. of Physics and Chemistry	37580	22295	68
高能物理研究所 Inst. of High Energy Physics	67159	47466	1328
国家天文台 National Astronomical Observatories of China	52792	36987	366
力学研究所 Inst. of Mechanics	25052	16293	411
化学研究所 Inst. of Chemistry	42671	22632	184
生态环境研究中心 Research Center for Eco-Environmental Sciences	41006	18517	447
国家纳米科学中心 National Center for Nanoscience and Technology	11212	6152	29
过程工程研究所 Inst. of Process Engineering	26489	13123	140
地理科学与资源研究所 Inst. of Geographic Sciences and Natural Resources Research	47549	26855	1089
青藏高原研究所 Inst. of Tibetan Plateau Research	9407	6449	62
遥感应用研究所 Inst. of Remote Sensing Application	22274	10627	298
地质与地球物理研究所 Inst. of Geology and Geophysics	39509	23054	961
古脊椎动物与古人类研究所 Inst. of Vertebrate Paleontology and Paleoanthropology	7677	4831	134

续表 4-2

事业收入 Operating income	科研收入 Scientific research income	技术收入 Technical income	试制产品收入 Income from trial-production of products	预算外资金收入 Income from non-budgetary funds	经营收入 Business income	其他收入 Other income
519691	469653	28702	16853		20831	21053
3891	3675					15
21649	20033	793			131	95
27613	27606	7			4705	154
1123	1123					
13808	13808				1086	323
14074	13175	570			3816	476
14932	14911				206	302
8122	5623	2496			6	220
19434	18292	650	492			421
21857	18203	3653				185
5031	5031					
13056	12305	221	496		27	142
19114	19114				169	323
2893	2893					3
10175	10093				682	492
14648	14648					847
2671	2039					41

系统及单位 System and unit	合 计 Total	财政补助收 入 Financial subsidiary income	拨入专款 Special funds allocated
大气物理研究所 Inst. of Atmospheric Physics	29695	16092	328
植物研究所 Inst. of Botany	36916	23590	828
动物研究所 Inst. of Zoology	28615	17519	427
心理研究所 Inst. of Psychology	10338	4853	250
微生物研究所 Inst. of Microbiology	21850	12940	155
生物物理研究所 Inst. of Biophysics	30973	17058	846
遗传与发育生物学研究所 Inst. of Genetics and Developmental Biology	46972	19091	541
北京基因组研究所 Beijing Inst. of Genomics	12347	8568	1
计算技术研究所 Inst. of Computing Technology	56941	21148	157
软件研究所 Inst. of Software	22083	10585	61
半导体研究所 Inst. of Semiconductors	33187	19220	290
微电子研究所 Inst. of Microelectronics	54312	13537	993
电子学研究所 Inst. of Electronics	64123	26830	101
光电研究院 Academy of Opto-Electronics	26791	8194	3
自动化研究所 Inst. of Automation	30711	10480	133
电工研究所 Inst. of Electric Engineering	33124	15275	44
工程热物理研究所 Inst. of Engineering Thermophysics	22701	10992	32
空间科学与应用研究中心 Center for Space Science and Applied Research	41045	19925	181

续表 4-2

事业收入 Operating income	科研收入 Scientific research income	技术收入 Technical income	试制产品收入 Income from trial-production of products	预算外资金收入 Income from non-budgetary funds	经营收入 Business income	其他收入 Other income
12626	11816	747			639	10
12324	11849	29			46	127
9505	9189	2			239	925
5205	2013	2845				30
8510	7162	1065			47	198
11039	10283	626			62	1968
27171	26994	132	45		59	110
3779	2482	1268				
29216	24694	4147				6419
10046	9880				67	1325
10595	9149	1446			2889	194
35590	33114	2476			3531	661
37152	18377	2821	15821		26	14
18130	18130				81	383
19225	19225				533	339
15722	15722				406	1677
10893	10893				271	514
19883	19883				920	136

系统及单位 System and unit	合 计 Total	财政补助收 入 Financial subsidiary income	拨入专款 Special funds allocated
自然科学史研究所 Inst. of History of Natural Sciences	3852	3387	134
科技政策与管理科学研究所 Inst. of Policy and Management	10792	8101	112
对地观测与数字地球科学中心 Center for Earth Observation and Digital Earth	18249	9880	117
山西省 Shanxi Province	28422	14628	42
山西煤炭化学研究所 Shanxi Inst. of Coal Chemistry	28422	14628	42
辽宁省、山东省 Liaoning and Shandong Provinces	247524	112027	3408
大连化学物理研究所 Dalian Inst. of Chemical Physics	74625	29357	908
沈阳应用生态研究所 Shenyang Inst. of Applied Ecology	15425	10038	124
沈阳自动化研究所 Shenyang Inst. of Automation	49307	14469	128
金属研究所 Inst. of Metal Research	63329	31760	743
海洋研究所 Inst. of Oceanology	44838	26402	1505
吉林省 Jilin Province	171054	83567	617
长春应用化学研究所 Changchun Inst. of Applied Chemistry	39998	28805	315
东北地理与农业生态研究所 Northeast Inst. of Geography and Agroecology	10726	7515	83
长春光学精密机械与物理研究所 Changchun Inst. of Optics, Fine Mechanics and Physics	120330	47247	218
上海市、福建省、浙江省 Shanghai, Fujian Province, and Zhejiang Province	569892	317635	7765
上海应用物理研究所 Shanghai Inst. of Applied Physics	58089	45884	83
上海天文台 Shanghai Observatory	15569	10990	27

续表 4-2

事业收入 Operating income					经营收入 Business income	其他收入 Other income
	科研收入 Scientific research income	技术收入 Technical income	试制产品收入 Income from trial-production of products	预算外资金收入 Income from non-budgetary funds		
238	230				85	9
2540	2493				35	4
6213	3504	2709			68	1972
8835	7618	1188			2730	2187
8835	7618	1188			2730	2187
124222	58570	27418	37368		139	7729
38555	17359	15663	5186		109	5695
5144	4354	475				119
33124	9405	4613	19055			1586
30536	11015	6242	13127			291
16863	16437	426			30	39
83708	80618	2759	56	11	540	2622
10877	8308	2395	56			
3128	2753	364		6		
69703	69557			5	540	2622
218338	173474	35769	7934		12244	13909
9698	2946	6715			2403	22
3269	3263				1002	280

系统及单位 System and unit	合计 Total	财政补助收入 Financial subsidiary income	拨入专款 Special funds allocated
上海硅酸盐研究所 Shanghai Inst. of Ceramics	58421	24376	259
上海有机化学研究所 Shanghai Inst. of Organic Chemistry	37747	24045	201
上海生命科学研究院 Shanghai Institutes for Biological Sciences	120056	79994	702
上海微系统与信息技术研究所 Shanghai Inst. of Microsystem and Information Technology	75531	41439	346
上海光学精密机械研究所 Shanghai Inst. of Optics and Fine Mechanics	50017	26461	145
上海技术物理研究所 Shanghai Inst. of Technical Physics	65996	22836	169
上海药物研究所 Shanghai Inst. of Materia Medica	49904	18424	4066
福建物质结构研究所 Fujian Inst. of Research on the Structure of Matter	24526	15831	255
宁波材料技术与工程研究所 Ningbo Inst. of Material Technology and Engineering	14037	7357	1512
江苏省 Jiangsu Province	68942	43152	468
紫金山天文台 Purple Mountain Observatory	22201	17817	70
南京地理与湖泊研究所 Nanjing Inst. of Geography and Limnology	15288	6000	99
南京地质古生物研究所 Nanjing Inst. of Geology and Palaeontology	11119	7525	118
南京土壤研究所 Nanjing Inst. of Soil Science	20335	11810	180
安徽省 Anhui Province	82699	45015	923
合肥物质科学研究院 Hefei Institutes of Physical Sciences	82699	45015	923
湖北省 Hubei Province	74877	42510	197
武汉物理与数学研究所 Wuhan Inst. of Physics and Mathematics	15198	11754	43

续表 4-2

事业收入 Operating income					经营收入 Business income	其他收入 Other income
	科研收入 Scientific research income	技术收入 Technical income	试制产品收入 Income from trial-production of products	预算外资金收入 Income from non-budgetary funds		
30344	23208	7079			459	2983
12000	5544	5722	511		284	1217
36811	33426	2704				2549
25818	18516	3542	3760		5941	1988
22148	20982	1166			1230	33
39957	34248	2046	3663		741	2294
26627	20864	5640				787
6509	5574	902			185	1746
5157	4904	253				11
21593	20778	245			631	3098
3576	3327				29	709
7424	7409				31	1734
2860	2404	234			381	234
7734	7638	11			189	423
29989	27848	1641		441	4179	2593
29989	27848	1641		441	4179	2593
29403	28098	169				2767
2594	2491	43				807

系统及单位 System and unit	合 计 Total	财政补助收 入 Financial subsidiary income	拨入专款 Special funds allocated
武汉岩土力学研究所 Wuhan Inst. of Rock and Soil Mechanics	17547	7573	66
测量与地球物理研究所 Inst. of Geodesy and Geophysics	5465	4000	9
武汉植物园 Wuhan Botanical Garden	9175	4765	18
水生生物研究所 Inst. of Hydrobiology	17936	9073	36
武汉病毒研究所 Wuhan Inst. of Virology	9555	5345	25
广东省、湖南省 Guangdong and Hunan Provinces	135253	70063	6107
广州地球化学研究所 Guangzhou Inst. of Geochemistry	21401	13923	996
南海海洋研究所 South China Sea Inst. of Oceanology	34710	14430	1332
华南植物园 South China Botanical Garden	18061	11177	1301
广州能源研究所 Guangzhou Inst. of Energy Conversion	39541	18749	2396
广州生物医药与健康研究院 Guangzhou Institutes of Biomedicine and Health	14018	6419	71
亚热带农业生态研究所 Inst. of Subtropical Agriculture	7522	5364	11
四川省 Sichuan Province	93927	39091	375
成都山地灾害与环境研究所 Chengdu Inst. of Mountain Hazards and Environment	16358	11105	35
成都生物研究所 Chengdu Inst. of Biology	12530	7013	93
光电技术研究所 Inst. of Optics and Electronics	65039	20973	246
云南省、贵州省 Yunnan and Guizhou Provinces	61813	41017	944
昆明植物研究所 Kunming Inst. of Botany	18260	11886	477

续表 4-2

事业收入 Operating income	科研收入 Scientific research income	技术收入 Technical income	试制产品收入 Income from trial-production of products	预算外资金收入 Income from non-budgetary funds	经营收入 Business income	其他收入 Other income
9610	9610					298
1210	1210					246
4253	3209					140
7854	7773	59				973
3883	3804	68				303
56084	48201	6011			1495	1505
6092	6015	10			365	25
18355	12492	5826			373	220
4679	3133	41			508	396
17389	17113	44			249	758
7499	7395	89				29
2069	2053					77
49676	48292	1384			134	4651
4994	4994					223
3289	2878	412				2135
41394	40421	973			134	2293
19357	14173	2274			106	390
5689	5029	434				208

系统及单位 System and unit	合计 Total	财政补助收入 Financial subsidiary income	拨入专款 Special funds allocated
昆明动物研究所 Kunming Inst. of Zoology	14246	8509	118
西双版纳热带植物园 Xishuangbanna Tropical Botanical Garden	12591	7132	130
地球化学研究所 Inst. of Geochemistry	16716	13490	218
陕西省 Shaanxi Province	70938	31125	235
西安光学精密机械研究所 Xi'an Inst. of Optics and Precision Mechanics	50158	16334	213
地球环境研究所 Inst. of Earth Environment	8799	5494	10
国家授时中心 National Time Service Center	11981	9297	12
甘肃省、青海省 Gansu and Qinghai Provinces	108866	74891	509
近代物理研究所 Inst. of Modern Physics	37808	30223	104
兰州化学物理研究所 Lanzhou Inst. of Chemical Physics	19545	12300	86
寒区旱区环境与工程研究所 Cold and Arid Regions Environmental and Engineering Research Inst.	29926	18515	236
青海盐湖研究所 Qinghai Inst. of Saline Lakes	7742	5006	39
西北高原生物研究所 Northwest Inst. of Plateau Biology	8726	5553	26
兰州地质研究所 Lanzhou Inst. of Geology	5118	3295	17
新疆维吾尔自治区 Xinjiang Uygur Autonomous Region	26537	16277	166
新疆理化技术研究所 Xinjiang Technical Inst. of Physics and Chemistry	9206	7090	18
新疆生态与地理研究所 Xinjiang Inst. of Ecology and Geography	17331	9187	148

注: 1. 除"财政补助收入"外，其他各项收入均不含本单位转拨外单位经费。

Note: Except"the financial subsidiary income", all other incomes do not include funds allocated by the institution to

2. 由于青岛生物能源与过程研究所、烟台海岸带研究所、城市环境研究所、苏州纳米技术与纳米仿生研究

The Qingdao Inst. of Bioenergy and Bioprocess Technology, Yantai Inst. of Coastal Zone Research, Inst. of the financial account is still hanging in the other units, it is not listed separately.

续表 4-2

事业收入 Operating income	科研收入 Scientific research income	技术收入 Technical income	试制产品收入 Income from trial-production of products	预算外资金收入 Income from non-budgetary funds	经营收入 Business income	其他收入 Other income
5596	5298	299				22
5205	1536	1044				124
2866	2311	498			106	36
37756	15857	20948	888	13	1514	308
32067	10168	20948	888	13	1514	30
3209	3209					85
2480	2480					192
31676	29466	1988			1198	592
7266	7223	9			14	201
6981	6949	2			167	13
10646	10488				522	7
2333	794	1539			173	191
2723	2723				243	180
1728	1289	438			79	
9893	9765	127				202
1896	1896					202
7996	7869	127				

other units.

所、深圳先进技术研究院财务账户仍然下挂在其他单位，故未单独列出。

Urban Environment, Suzhou Inst. of Nano-Tech and Nano-Bionics, Shenzhen Institutes of Advanced Technology under

4-3 事业单位总

Total Expenditure of

单位：万元

系统及单位 System and institute	合 计 Total	人员支出 Personnel expenditure	基本工资 Basic salary	补助工资 Subsidiary salary	其他工资 Other salaries
总 计 Total	**3240279**	**1043777**	**87717**	**214147**	**236648**
一、按系统分 By system					
(一) 科研机构 Research units	2918772	936498	78301	195780	218505
数学、物理 Mathematics & physics	563576	192655	16481	40101	47217
化学与化工 Chemistry & chemical engineering	421948	143173	10421	30300	33866
地学 Earth sciences	387411	123550	11977	26396	28740
生物学 Biological sciences	552059	192060	14162	48204	33353
技术科学 Technological sciences	978170	280644	24752	49851	74181
其他 Others	15608	4416	508	929	1148
(二) 学校及公共支撑机构 Universities and public supporting organizations	231312	58512	6163	11422	12727
技术支撑 Technical supporting organizations	48935	9936	822	1725	3957
学校 Universities	128315	30260	1356	7617	5109
文献情报、新闻出版 Documentation, information & publication	35840	10344	1242	2034	2781
服务与福利 Service & welfare	18221	7971	2743	45	880
(三) 管理机构 Management organizations	72633	34578	3231	6939	5392
中国科学院本部 CAS Headquarters	41370	17389	1569	3256	2918
地区管理部门 CAS Branches	31263	17188	1662	3683	2474

支出情况(2011 年)
CAS Institutions: 2011

(ten thousand yuan)

社会保障费 Social security expenditure	公用支出 Public expenditure	公共运行费 Expenditure for public operation	科研业务费 Expenditure for professional activity	固定资产购置费 Expenditure for purchasing equipment	专款支出 Designated expenditure	经营支出 Operating expenses	结转自筹基建 Balanced and transferred self-raised capital construction funds
409841	**2057420**	**255661**	**1257474**	**496195**	**35554**	**46333**	**57194**
362993	1857031	212605	1151012	452222	30925	42921	51397
71587	343968	47867	193906	98202	4876	16295	5781
55048	255869	34742	142933	74909	2678	4565	15662
45065	251289	24776	161333	60766	7035	3412	2125
77606	347902	36883	218094	82356	6470	1583	4043
112309	647201	66882	429697	135104	9566	16974	23786
1377	10802	1454	5049	885	299	91	
18235	164233	32140	86448	42307	1599	1203	5764
2842	38992	3720	25916	9356	6		
7566	90671	16352	54313	17596	1106	694	5584
3868	24539	2572	6200	15141	487	291	180
3959	10031	9495	19	214		219	
15140	32985	10132	18127	1608	2828	2209	34
6415	22101	3277	15193	688	934	946	
8725	10884	6855	2934	920	1895	1262	34

系统及单位 System and institute	合 计 Total	人员支出 Personnel expenditure	基本工资 Basic salary	补助工资 Subsidiary salary	其他工资 Other salaries
(四) 其 他 Others	17562	14189	22	6	24
二、按科研单位分 By institute					
北京市 Beijing	1199392	366317	29357	69753	100486
数学与系统科学研究院 Academy of Mathematics and Systems Science	19435	9148	706	2537	1548
物理研究所 Inst. of Physics	43837	13216	834	1729	3858
声学研究所 Inst. of Acoustics	53381	13919	1237	2278	3895
理论物理研究所 Inst. of Theoretical Physics	4703	1832	137	321	593
理化技术研究所 Technical Inst. of Physics and Chemistry	40180	11852	848	2453	3336
高能物理研究所 Inst. of High Energy Physics	67726	24107	1964	4821	6953
国家天文台 National Astronomical Observatories of China	52233	18694	1454	4371	6229
力学研究所 Inst. of Mechanics	24307	9559	800	1555	1450
化学研究所 Inst. of Chemistry	46768	13569	900	2646	2489
生态环境研究中心 Research Center for Eco-Environmental Sciences	34971	8993	892	1433	1943
国家纳米科学中心 National Center for Nanoscience and Technology	13030	2647	213	549	790
过程工程研究所 Inst. of Process Engineering	31926	11732	783	1768	4031
地理科学与资源研究所 Inst. of Geographic Sciences and Natural Resources Research	43622	14365	1162	3409	3484
青藏高原研究所 Inst. of Tibetan Plateau Research	8748	2594	187	505	1348
遥感应用研究所 Inst. of Remote Sensing Application	24617	5316	415	778	2516

续表 4-3

社会保障费 Social security expenditure	公用支出 Public expenditure	公共运行费 Expenditure for public operation	科研业务费 Expenditure for professional activity	固定资产购置费 Expenditure for purchasing equipment	专款支出 Designated expenditure	经营支出 Operating expenses	结转自筹基建 Balanced and transferred self-raised capital construction funds
13473	3171	784	1887	58	201		
129037	781263	84645	469531	204123	12287	18021	21503
3119	9818	329	8321	1168	422		47
4297	26137	3148	11635	9313	524	114	3847
5562	35834	6610	22591	5778	78	3550	
393	2855	960	1284	611	15		
3918	26967	2052	15919	8996	76	1285	
9065	37807	11700	14655	11452	1997	3816	
5616	33010	799	20886	11268	324	206	
4304	14331	766	9168	4397	411	6	
5612	31699	3430	16172	12087	184		1316
2858	23614	949	18681	3955	365		2000
409	10355	2647	4338	3296	29		
3740	18922	2858	8089	7852	144	27	1100
5194	28016	2125	21668	2988	1072	169	
320	6129	693	3778	1623	25		
1310	18272	1008	13243	3448	319	670	40

系统及单位 System and institute	合 计 Total	人员支出 Personnel expenditure	基本工资 Basic salary	补助工资 Subsidiary salary	其他工资 Other salaries
地质与地球物理研究所 Inst. of Geology and Geophysics	40960	10737	1444	1484	2919
古脊椎动物与古人类研究所 Inst. of Vertebrate Paleontology and Paleoanthropology	7860	3360	325	680	668
大气物理研究所 Inst. of Atmospheric Physics	30257	8573	634	1691	2542
植物研究所 Inst. of Botany	38617	14438	760	3144	4113
动物研究所 Inst. of Zoology	31102	10623	588	3608	1896
心理研究所 Inst. of Psychology	10683	4251	325	1419	745
微生物研究所 Inst. of Microbiology	23457	9668	736	2000	2249
生物物理研究所 Inst. of Biophysics	36238	9231	719	2154	1682
遗传与发育生物学研究所 Inst. of Genetics and Developmental Biology	50193	12469	1029	3048	2048
北京基因组研究所 Beijing Inst. of Genomics	11461	2942	900	385	614
计算技术研究所 Inst. of Computing Technology	48323	16850	1318	1937	4496
软件研究所 Inst. of Software	22060	6880	638	980	2475
半导体研究所 Inst. of Semiconductors	34656	12714	1010	2345	2636
微电子研究所 Inst. of Microelectronics	49399	12341	942	2274	2927
电子学研究所 Inst. of Electronics	65061	17384	1642	2032	5466
光电研究院 Academy of Opto-Electronics	29291	5450	408	1087	2565
自动化研究所 Inst. of Automation	30144	10954	627	1780	4660
电工研究所 Inst. of Electric Engineering	32387	8659	913	1805	1604
工程热物理研究所 Inst. of Engineering Thermophysics	23853	4388	360	839	1280

续表 4-3

社会保障费 Social security expenditure	公用支出 Public expenditure	公共运行费 Expenditure for public operation	科研业务费 Expenditure for professional activity	固定资产购置费 Expenditure for purchasing equipment	专款支出 Designated expenditure	经营支出 Operating expenses	结转自筹基建 Balanced and transferred self-raised capital construction funds
3737	29261	3901	15495	9865	961		
1318	4356	167	3201	983	144		
2588	20601	323	14020	6257	395	688	
4493	23141	3821	13431	5636	791	46	201
3113	19698	1075	14589	4034	427	354	
1213	6113	800	4190	1124	251		68
3590	13648	1346	9002	3074	134	6	
4159	26236	4707	11436	8502	709	62	
3863	37142	1884	26281	8801	541	42	
562	8519	2422	4134	1680	1		
8547	29750	4597	19985	4457	107		1616
2770	15071	1829	10734	2357	34	75	
5502	18915	1179	12109	5565	287	1092	1648
4899	32923	2126	15347	15442	621	3512	3
7141	38860	690	22797	6703	99	4	8715
1004	23819	2457	15860	5502	4	18	
2387	18576	2437	13932	2206	81	533	
3685	23283	3423	11728	8032	44	401	
1529	18868	856	8919	8668	32	247	318

系统及单位 System and institute	合 计 Total	人员支出 Personnel expenditure	基本工资 Basic salary	补助工资 Subsidiary salary	其他工资 Other salaries
空间科学与应用研究中心 Center for Space Science and Applied Research	37759	12814	624	1851	4952
自然科学史研究所 Inst. of History of Natural Sciences	4232	1729	250	308	324
科技政策与管理科学研究所 Inst. of Policy and Management	11376	2687	258	620	824
对地观测与数字地球科学中心 Center for Earth Observation and Digital Earth	20540	5634	375	1126	2334
山西省 Shanxi Province	33629	9360	936	1782	2591
山西煤炭化学研究所 Shanxi Inst. of Coal Chemistry	33629	9360	936	1782	2591
辽宁省、山东省 Liaoning and Shandong Provinces	237161	73941	5933	19732	13607
大连化学物理研究所 Dalian Inst. of Chemical Physics	67722	20543	1582	4687	5309
沈阳应用生态研究所 Shenyang Inst. of Applied Ecology	15940	5614	682	1713	353
沈阳自动化研究所 Shenyang Inst. of Automation	48119	10060	779	3914	1369
金属研究所 Inst. of Metal Research	60750	18387	1324	4982	3569
海洋研究所 Inst. of Oceanology	44630	19338	1566	4435	3007
吉林省 Jilin Province	170605	56530	4152	8702	17297
长春应用化学研究所 Changchun Inst. of Applied Chemistry	39731	19093	1388	3404	6979
东北地理与农业生态研究所 Northeast Inst. of Geography and Agroecology	11848	5018	606	1642	699
长春光学精密机械与物理研究所 Changchun Inst. of Optics，Fine Mechanics and Physics	119026	32419	2159	3656	9620
上海市、福建省、浙江省 Shanghai, Fujian Province, and Zhejiang Province	554785	189853	12008	38863	34316
上海应用物理研究所 Shanghai Inst. of Applied Physics	49958	18668	938	2183	5400
上海天文台 Shanghai Observatory	16066	6443	374	1207	1057

社会保障费 Social security expenditure	公用支出 Public expenditure	公共运行费 Expenditure for public operation	科研业务费 Expenditure for professional activity	固定资产购置费 Expenditure for purchasing equipment	专款支出 Designated expenditure	经营支出 Operating expenses	结转自筹基建 Balanced and transferred self-raised capital construction funds
4792	23603	2517	16371	3010	224	909	209
778	2293	431	1238	625	137	73	
599	8509	1024	3811	260	162	18	
1049	14314	560	10493	3107	117	99	375
3355	20772	5829	10095	4749	36	3461	
3355	20772	5829	10095	4749	36	3461	
29337	156343	15530	105503	31034	1930	139	4807
8280	43378	3072	27177	11319	785	109	2907
2283	10267	1242	6615	2162	60		
2951	37900	932	34326	2615	160		
6788	40170	8389	21589	10145	293		1900
9036	24628	1895	15797	4793	634	30	
21693	112875	9442	84213	19220	660	540	
4943	20322	3556	10535	6231	315		
1626	6720	777	4290	1653	111		
15124	85833	5109	69389	11336	234	540	
95047	334414	44564	197468	82131	6905	11430	12183
9297	28761	6792	10811	11115	126	2403	
3287	8954	1290	6303	1341	27	641	

系统及单位 System and institute	合 计 Total	人员支出 Personnel expenditure	基本工资 Basic salary	补助工资 Subsidiary salary	其他工资 Other salaries
上海硅酸盐研究所 Shanghai Inst. of Ceramics	56718	18854	931	3286	4804
上海有机化学研究所 Shanghai Inst. of Organic Chemistry	44911	17684	920	3673	2712
上海生命科学研究院 Shanghai Institutes for Biological Sciences	118281	49568	2882	12984	5392
上海微系统与信息技术研究所 Shanghai Inst. of Microsystem and Information Technology	64623	16482	2273	1601	4512
上海光学精密机械研究所 Shanghai Inst. of Optics and Fine Mechanics	47618	16383	916	3117	2175
上海技术物理研究所 Shanghai Inst. of Technical Physics	68222	19843	1234	4316	3827
上海药物研究所 Shanghai Inst. of Materia Medica	45214	12211	537	2784	1302
福建物质结构研究所 Fujian Inst. of Research on the Structure of Matter	25840	9543	777	2784	1314
宁波材料技术与工程研究所 Ningbo Inst. of Material Technology and Engineering	17336	4174	227	928	1820
江苏省 Jiangsu Province	65694	23068	2170	5234	5164
紫金山天文台 Purple Mountain Observatory	18930	8085	1084	2168	1819
南京地理与湖泊研究所 Nanjing Inst. of Geography and Limnology	14060	4089	294	884	946
南京地质古生物研究所 Nanjing Inst. of Geology and Palaeontology	10557	4276	325	576	1450
南京土壤研究所 Nanjing Inst. of Soil Science	22147	6618	467	1607	948
安徽省 Anhui Province	83018	23923	2521	6294	4331
合肥物质科学研究院 Hefei Institutes of Physical Sciences	83018	23923	2521	6294	4331
湖北省 Hubei Province	74006	28911	2732	6085	7095
武汉物理与数学研究所 Wuhan Inst. of Physics and Mathematics	14336	6049	739	1163	1030

续表 4-3

社会保障费 Social security expenditure	公用支出 Public expenditure	公共运行费 Expenditure for public operation	科研业务费 Expenditure for professional activity	固定资产购置费 Expenditure for purchasing equipment	专款支出 Designated expenditure	经营支出 Operating expenses	结转自筹基建 Balanced and transferred self-raised capital construction funds
9020	33647	4818	21250	6774	259	457	3500
9417	24536	4334	11475	8587	196	195	2300
26341	66530	6200	40348	15198	747		1436
7180	42014	8552	19507	13205	187	5941	
9405	30056	2458	22459	4487	145	1034	
9551	45469	4764	33079	6342	169	741	2000
7245	31791	2624	23369	4461	525		687
3444	13764	1662	6139	5812	255	19	2260
860	8892	1070	2727	4810	4270		
8272	41590	4065	25384	11551	407	628	
2545	10748	2366	4481	3852	70	27	
1552	9862	560	7635	1667	77	31	
1606	5749	375	3460	1888	150	381	
2569	15230	765	9809	4144	110	189	
8315	52366	4651	33792	13762	609	4233	1887
8315	52366	4651	33792	13762	609	4233	1887
8601	44918	5703	29693	9451	176		
2116	8265	1849	3892	2524	22		

系统及单位 System and institute	合　计 Total	人员支出 Personnel expenditure	基本工资 Basic salary	补助工资 Subsidiary salary	其他工资 Other salaries
武汉岩土力学研究所 Wuhan Inst. of Rock and Soil Mechanics	17785	7840	680	1968	2275
测量与地球物理研究所 Inst. of Geodesy and Geophysics	4336	2233	245	559	437
武汉植物园 Wuhan Botanical Garden	9767	3597	359	1203	812
水生生物研究所 Inst. of Hydrobiology	18083	5421	378	496	1588
武汉病毒研究所 Wuhan Inst. of Virology	9698	3771	332	697	952
广东省、湖南省 Guangdong and Hunan Provinces	133595	48340	6944	9799	12674
广州地球化学研究所 Guangzhou Inst. of Geochemistry	21304	6987	617	943	2031
南海海洋研究所 South China Sea Inst. of Oceanology	32293	10428	819	1934	2477
华南植物园 South China Botanical Garden	17855	7735	506	2346	1390
广州能源研究所 Guangzhou Inst. of Energy Conversion	40885	16125	4389	2362	4583
广州生物医药与健康研究院 Guangzhou Institutes of Biomedicine and Health	13705	4529	160	1485	1852
亚热带农业生态研究所 Inst. of Subtropical Agriculture	7553	2536	452	728	341
四川省 Sichuan Province	96406	29214	2672	6606	5587
成都山地灾害与环境研究所 Chengdu Inst. of Mountain Hazards and Environment	16686	4078	526	793	590
成都生物研究所 Chengdu Inst. of Biology	13353	5498	503	1490	651
光电技术研究所 Inst. of Optics and Electronics	66368	19637	1643	4323	4347
云南省、贵州省 Yunnan and Guizhou Provinces	63271	23073	2311	4959	4640
昆明植物研究所 Kunming Inst. of Botany	21185	7289	530	1435	2061
昆明动物研究所 Kunming Inst. of Zoology	15629	4982	389	1141	977

续表 4-3

	公用支出 Public expenditure				专款支出 Designated expenditure	经营支出 Operating expenses	结转自筹基建 Balanced and transferred self-raised capital construction funds
社会保障费 Social security expenditure		公共运行费 Expenditure for public operation	科研业务费 Expenditure for professional activity	固定资产购置费 Expenditure for purchasing equipment			
2152	9879	1297	7372	1209	66		
592	2095	583	1311	175	9		
986	6152	1621	3470	1048	18		
1745	12626		9564	3029	36		
1010	5902	353	4084	1465	25		
14331	75851	13002	43016	19120	5925	1495	1985
2947	12179	1375	7439	3363	889	365	885
4251	20058	3280	14672	2107	1434	373	
2924	7839	2150	3588	1751	1372	509	400
2954	21749	4517	8548	8374	2062	249	700
587	9019	1357	5871	1777	157		
668	5006	323	2898	1747	11		
12667	65865	5280	47877	12475	294	82	952
1491	12569	737	5542	6289	39		
2610	6833	1110	4173	1395	70		952
8567	46464	3433	38162	4791	185	82	
8528	39317	2568	24469	11893	643	238	
2355	13724	1398	9076	3213	172		
1678	10553	692	5836	4012	93		

系统及单位 System and institute	合 计 Total	人员支出 Personnel expenditure	基本工资 Basic salary	补助工资 Subsidiary salary	其他工资 Other salaries
西双版纳热带植物园 Xishuangbanna Tropical Botanical Garden	13977	6415	658	1604	1096
地球化学研究所 Inst. of Geochemistry	12480	4386	735	779	506
陕西省 Shaanxi Province	74204	21080	1744	4808	4299
西安光学精密机械研究所 Xi'an Inst. of Optics and Precision Mechanics	51752	13066	952	2593	2965
地球环境研究所 Inst. of Earth Environment	9253	1543	172	629	323
国家授时中心 National Time Service Center	13199	6471	621	1585	1012
甘肃省、青海省 Gansu and Qinghai Provinces	105832	34000	3793	10919	4735
近代物理研究所 Inst. of Modern Physics	34955	8855	1062	2183	1852
兰州化学物理研究所 Lanzhou Inst. of Chemical Physics	20224	7481	824	3388	232
寒区旱区环境与工程研究所 Cold and Arid Regions Environmental and Engineering Research Inst.	31095	9563	1177	3191	1353
青海盐湖研究所 Qinghai Inst. of Saline Lakes	6479	3674	277	900	671
西北高原生物研究所 Northwest Inst. of Plateau Biology	7921	2653	272	733	291
兰州地质研究所 Lanzhou Inst. of Geology	5159	1774	181	525	336
新疆维吾尔自治区 Xinjiang Uygur Autonomous Region	27174	8886	1028	2246	1683
新疆理化技术研究所 Xinjiang Technical Inst. of Physics and Chemistry	9527	3994	482	1287	579
新疆生态与地理研究所 Xinjiang Inst. of Ecology and Geography	17647	4892	546	960	1105

注：由于青岛生物能源与过程研究所、烟台海岸带研究所、城市环境研究所、苏州纳米技术与纳米仿生研究

Note: The Qingdao Inst. of Bioenergy and Bioprocess Technology, Yantai Inst. of Coastal Zone Research, Inst. of under the financial account is still hanging in the other units, it is not listed separately.

所、深圳先进技术研究院财务账户仍然下挂在其他单位，故未单独列出。

社会保障费 Social security expenditure	公用支出 Public expenditure	公共运行费 Expenditure for public operation	科研业务费 Expenditure for professional activity	固定资产购置费 Expenditure for purchasing equipment	专款支出 Designated expenditure	经营支出 Operating expenses	结转自筹基建 Balanced and transferred self-raised capital construction funds
2520	7247	85	4022	2803	181	133	
1976	7793	393	5535	1865	196	106	
8837	43786	7535	27900	7906	337	1499	7502
5623	30672	4987	21637	3950	213	1499	6302
198	6398	801	3343	2242	112		1200
3016	6716	1747	2921	1714	12		
11999	69643	8914	39587	20140	455	1156	578
3269	26005	964	17049	7561	80	14	
2311	12535	856	8119	3560	78	129	
3011	20803	5214	9835	5456	208	522	
1659	2326	730	863	687	32	168	278
1094	4685	910	2309	1298	39	243	300
655	3289	239	1413	1578	17	79	
2974	18027	878	12483	4666	261		
1315	5515	548	2826	2141	18		
1658	12512	330	9657	2525	244		

所、深圳先进技术研究院财务账户仍然下挂在其他单位，故未单独列出。

Urban Environment, Suzhou Inst. of Nano-Tech and Nano-Bionics, Shenzhen Institutes of Advanced Technology

主要统计指标解释

1. 事业单位总收入情况

财政补助收入 指单位从财政部门取得的科学事业费、房改经费。

拨入专款 指单位从没有直接部门预算管理关系的财政部门、上级单位或其他单位取得的有指定用途的专项资金，如从人事部取得的政府津贴、院士津贴。

事业收入 指单位开展专业业务活动及其辅助活动取得的收入，包括科研收入、技术收入、学术活动收入、科普活动收入、试制产品收入、预算外资金收入等。

科研收入 指单位承担科研课题(项目)和接受委托研制样品样机取得的收入，包括事业单位承担国家科研项目取得的收入，如国家“科技三项费用”项目、“国家自然科学基金”项目、“863”项目等；同时包括事业单位承担地方有关部门及企业的各类科研任务取得的收入。

技术收入 指单位对外提供技术转让、技术咨询、技术服务、技术培训、技术承包和技术开发取得的收入。

试制产品收入 指单位经过国家有关部门批准从事中间试验产品的试制取得的收入(不含科技三项费用中的中间试验费)。

预算外资金收入 指单位按照国家有关规定，为履行或代行政府职能，依据国家法律、法规和具有法律效力的规章而收取的纳入预算外资金专户管理的各种行政事业性收费等。

经营收入 指单位在专业业务活动及其辅助活动之外开展非独立核算的经营活动取得的收入，包括产品(商品)销售收入、经营服务收入、工程承包收入、租赁收入和其他经营收入。

其他收入 指单位除上述收入以外的其他收入，如投资收益、利息收入、捐赠收入、上级补助收入、附属单位缴款等。

2. 事业单位总支出情况

人员支出 指单位用各种经费开支的基本工资、补助工资、其他工资、职工福利费、社会保障费、助学金。

基本工资 主要指按国家有关规定支付给工作人员的固定工资及规定比例的津贴。

补助工资 指按国家有关规定支付给工作人员的津贴、补贴，包括各项岗位津贴、价格补贴、地方性补贴、冬季取暖补贴、夜餐补贴、职工上下班交通补贴、加班费等。

其他工资 主要指在基本工资、补助工资之外发给在职人员的属于国家规定工资总额组成范围的各种津贴、补贴。

社会保障费 指按国家有关规定支付给离退休人员的离退休金、津贴、补贴及单位按国家规定缴纳的各项基本社会保险金等。

公用支出 指单位用各种经费开支的公务费、设备购置费、修缮费、业务费及其他费用。

公共运行费 指用于组织和管理专业业务及其辅助活动发生的支出，主要包括办公费、邮电通信费、水电费、维修维护费、物业费、公用取暖费、车船油料费等。

科研业务费 指在开展专业业务及其辅助活动过程中发生的支出，主要包括消耗的各种原材料、计算测试费、燃料动力费、会议费、差旅费、外事活动费等。

固定资产购置费 指不属于基本建设支出，应按固定资产管理的科研、生产、开发、经营以及办公设备的购置支出，主要包括各种仪器设备、车辆、图书等购置费以及按规定提取的修购基金。

结转自筹基建 指单位经国家有关部门批准并纳入基本建设计划，用财政补助收入以外的资金安排的基本建设项目支出。

经营支出 指单位在专业业务活动及其辅助活动之外开展非独立核算经营活动发生的各项支出以及实行内部成本核算单位已销产品的实际成本。

专款支出 指单位用上述“拨入专款”开支的费用。

Explanatory Notes on Key Indicators

1. Total income of CAS institutions

Financial subsidiary income This refers to the operating funds for scientific research, and house subside obtained from the financial departments.

Special funds allocated This refers to the special funds for designated use obtained from the financial departments, higher authorities or other units, such as government allocations and allocations for CAS Members from the Ministry of Personnel Management.

Operating income This refers to the income obtained by performing professional activities and auxiliary work, including scientific research, technology, scientific activities, popular science activities and production of pilot products, and income from non-budgetary funds.

Scientific research income This refers to the income acquired by undertaking scientific research tasks (projects) and accepting assignments to develop samples and prototypes. It includes income for undertaking State scientific research projects, such as the “Three sums of science and technology funds”, “National Natural Science Foundation funds”, “863” Program funds, etc. It also includes income obtained from the local departments and enterprises by the institutions by undertaking various research tasks.

Technology income This refers to the income obtained from offering external technology transfer, technology consultation, technology service, technology training, technology contracting and technology development.

Income from trial-production of products This refers to the income obtained by producing pilot experimental products (not including allowance for pilot experiments in the “three sums of science and technology funds”) approved by the relevant State departments.

Income from non-budgetary funds This refers to various kinds of revenues (which are not included in the State budgetary management system) collected by the institution in performing or acting the functions on government behalf according to the State laws, regulations and rules which have the legal effects.

Business income This refers to the income acquired by carrying out non-independent accounting business activities other than professional and auxiliary work, including product (commodity) sales income, business service income, project contracting income, renting income and other business income.

Other income This refers to income other than the above-mentioned items, such as income from investment, interest, donation, subsidies from superior organizations, funds provided by affiliated units, etc.

2. Total expenditure of CAS institutions

Personnel expenditure This refers to the spending from various kinds of funds, such as basic salary, subsidiary salary and other salaries, welfare expenditure, social security expenditure, and people's grant-in-aid.

Basic salary This refers to the basic salary and proportioned allowance paid to the staff according to the relevant State policies.

Subsidiary salary This refers to the allowance and subsidies paid to the staff according to the relevant State policies, including working post allowance, inflation subsidies, local allowance, allowance for winter heating, night snack allowance, traffic allowance for the staff to and back from work, and overtime pay, etc.

Other salaries This mainly refers to the allowances and subsidies paid to the on-job staff, which is the components of the total salary set according to the relevant State policies. This item is not included in the basic salary and subsidiary salary.

Social security expenditure This refers to the pension, allowance or subsidies paid to the retired personnel according to the relevant State policy, and various basic social insurance premium paid by the units according to the State policy.

Public expenditure This refers to the spending from various kind of funds, such as official business spending, expenditure for professional activities, expenditure for purchasing equipment, renovation fees and others.

Expenditure for public operation This refers to the expenses for organizing and managing professional work and auxiliary activities, mainly including expenses on administration, postage and communications, water and electricity, repair maintenance, property costs, winter heating, vehicles and fuel, etc.

Expenditure for professional activity This refers to the expenses occurred in the process of carrying out professional work and auxiliary activities, mainly including raw and processed materials consumed, computation and testing, fuel and power, expenses for attending conferences and making business trips, etc.

Expenditure for purchasing equipment This refers to the expenses spent on equipment purchasing for scientific research, production, development, business operation and office instruments, which does not fall into the category of capital construction expenditure and is managed as fixed assets. It mainly includes expenses for purchasing various kinds of instruments and equipment, vehicles, books, etc., according to the relevant policies.

Balanced and transferred self-raised capital construction funds This refers to the expenditure from non financial subsidiary funds for capital construction projects which are approved by the State departments concerned and which are included in the capital construction plan of the year.

Business expenditure This refers to the expenses occurred in the process of carrying out non-independent accounting business activities other than professional and auxiliary work, as well as the actual cost of products sold by those internal cost-accounting units.

Designated expenditure This refers to the expenses paid from above-mentioned "Designated funds".

五、基本建设

CAPITAL CONSTRUCTION

5-1 基本建设总体情况

General Information of Capital Construction

年 份 Year	完成投资 (万元) Investment completed (ten thousand yuan)				竣工面积(万平方米) Floor space completed (10000 square meter)
		国家及院拨款 State & CAS funds	建设单位自筹 Self-raised funds by construction unit	贷 款 Loan	
1950~1952	276				2.05
1953~1957	9123				51.23
1958~1962	20972				79.4
1963~1965	12600				33.88
1966~1970	9139				15.37
1971~1975	7835				56.66
1976	2500				8.23
1977	3347				15.09
1978	8454				20.47
1979	18426				33.28
1980	17579				36.19
1981	13600				36.78
1982	15039				34.66
1983	14537				27.04
1984	16114				32.83
1985	17108	346			24.23
1986	21908	252			28.3
1987	27412	281			20.31
1988	28266	240			24.7
1989	29384	240			29.87
1990	23484	240			37.36
1991	30306	1971			23.17
1992	36636	5000			28.72
1993	38427	4809		3100	25.83
1994	40787	10000		3000	23.95
1995	44480	10000		2600	23.51
1996	48122	15982		700	22.66
1997	65936	25346			24.81
1998	91409	32387			29.46
1999	103721	48879			32.84
2000	140591	74192			45.3
2001	221479	95910	124869	700	53.88
2002	314274	175092	130111	9071	84.78
2003	342450	197664	144786		70.05
2004	242432	178013	62015	2405	76.02
2005	227700	161675	66025		42.41
2006	251892	143700	108192		55.58
2007	211400	113400	98000		41.89
2008	273500	145200	128300		43.48
2009	431000	296700	134300		15.58
2010	456711	314266	142445		52.21
2011	444239	290078	154161		41.42

5-2 基本建设投资完成情况(2011 年)
Capital Construction Expenditure: 2011

单位：万元 (ten thousand yuan)

项 目 Project	完成投资 Investment completed	国家及院拨款 State & CAS funds	建设单位自筹 Self-raised funds by construction unit	贷 款 Loan
总 计 **Total**	**444239**	**290078**	**154161**	
一、重大科技基础设施 Large research infrastructure	45214	43723	1491	
二、科教基础设施改造建设项目 Infrastructure renovation & construction of research and education	221412	125156	96256	
三、修购项目 Commercialized projects	26308	25507	801	
四、引进人才项目 Talent Programmes	7394	7394		
五、其他专项 Other designated projects	143911	88298	55613	

5-3 基本建设建筑面积完成情况(2011 年)
Floor Space Completed: 2011

单位：万平方米 (10000 square meter)

项 目 Project	在建面积 Floor space under construction	新开面积 Floor space started	竣工面积 Floor space completed	改造面积 Floor space reconstructed
总 计 **Total**	**113.78**	**5.78**	**41.42**	**6.01**
一、重大科技基础设施 Large research infrastructure			1	
二、知识创新工程基建专项 Special capital construction fund for Knowledge Innovation Program	113.78	5.78	40.42	6.01
科研用房改造建设 Renovation & construction for scientific research building	54.78	4.08	35.62	5.63
园区基础设施改造建设 Infrastructure renovation & construction of institute campuses	0.33	0.04		
教育设施及流动人员公寓改造建设项目 Reconstruction projects of educational facilities & apartments for the staff on mobility	58.67	1.66	4.8	0.38

六、科技活动

SCIENTIFIC AND TECHNOLOGICAL ACTIVITIES

6-1 科研机构人员概况

Staff of CAS Research Institutions

年 份 Year	在职职工 (人) Regular staff (person)	从事科技活动人员 S&T activity personnel	其中：女性 Of which:Female	科学家和工程师 Scientists & engineers
1985	69650	58220	19820	32174
1986	70510	60107	20509	34495
1987	66855	53727	18410	35034
1988	67554	56939	19419	36648
1989	67451	56895	19209	37587
1990	67547	56199	18536	38133
1991	67558	56029	18645	37668
1992	66608	54293	18070	37642
1993	64273	50584	16856	36199
1994	61641	46344	15393	33749
1995	59008	42934	14186	32446
1996	56245	41392	13598	32032
1997	53191	38104	12484	29798
1998	50271	33963	11373	27139
1999	47487	31205	10290	25450
2000	44772	29648	9547	24426
2001	40853	26391	8376	22105
2002	36679	23600	7455	20225
2003	35201	23218	7398	19108
2004	34847	23830	7550	20027
2005	35394	24755	7840	20446
2006	36085	25914	8281	21558
2007	36684	27315	8846	25347
2008	42558	33642	11660	31639
2009	46959	38642	12908	35366
2010	49968	42306	14171	
2011	52678	45566	15469	

注: S&T—Science and Technology.

自 2008 年起，科研机构在职职工的统计范围是指科研机构中在编职工和项目聘用人员。

Note: Since 2008, the number of regular staff of research institution includes both the regular staff of all CAS institutions and the staff by project contract.

6-2 科研机构职工按工作性质分类(2011 年)

Statistics of CAS Staff, by Nature of Work: 2011

单位：人 (person)

地区及学科 Region and field	从事科技活动人员 S&T activity personnel	科技管理人员 S&T management personnel	课题活动人员 Project activity personnel	科技服务人员 S&T service personnel	从事生产经营活动人员 Production and business activity personnel	生活后勤服务人员 Logistics service personnel
总计 Total	**45566**	**5476**	**32672**	**7418**	**1465**	**5647**
一、按地区、分院分 By region and branch						
北京分院(筹) Beijing Branch	17129	2133	12765	2231	357	1832
沈阳分院 Shenyang Branch	4052	393	2683	976	183	608
长春分院 Changchun Branch	2770	295	2262	213	334	514
上海分院 Shanghai Branch	7618	931	5491	1196	162	808
南京分院 Nanjing Branch	1287	136	931	220	8	129
合肥地区 Hefei Area	1571	176	1040	355	90	204
武汉分院 Wuhan Branch	1529	177	1044	308	22	341
广州分院 Guangzhou Branch	2851	362	2026	463	5	145
成都分院 Chengdu Branch	1428	174	856	398	120	320
昆明分院 Kunming Branch	1357	210	848	299	35	163

地区及学科 Region and field	从事科技活动人员 S&T activity personnel	科技管理人员 S&T management personnel	课题活动人员 Project activity personnel	科技服务人员 S&T service personnel	从事生产经营活动人员 Production and business activity personnel	生活后勤服务人员 Logistics service personnel
西安分院 Xi'an Branch	1094	153	686	255	97	225
兰州分院 Lanzhou Branch	2231	274	1545	412	19	288
新疆分院 Xinjiang Branch	649	62	495	92	33	70
二、按学科分 By field						
数学、物理 Mathematics & physics	9273	1162	6527	1584	290	1337
化学与化工 Chemistry & chemical engineering	6579	747	4777	1055	83	755
地学 Earth sciences	6321	815	4530	976	27	798
生物学 Biological sciences	9112	1137	6136	1839	121	1006
技术科学 Technological sciences	14063	1575	10543	1945	944	1731
其他 Others	218	40	159	19		20

注：此表不包括不在岗人员。

Note: This table does not include the personnel who are not on the working posts.

6-3 科研机构科技

Total Income of S&T Activities in

单位：千元

地区及学科 Region and field	科技活动收入 Total income of S&T activities	政府资金 Government funds	财政补助收入 Income from government subsidy	承担政府科研项目收入 Income from undertaking government research projects
总计 Total	**29261073**	**23606253**	**13540242**	**8987255**
一、按地区、分院分 By region and branch				
北京分院(筹) Beijing Branch	11960872	9706349	5448680	3939005
沈阳分院 Shenyang Branch	2432246	1632324	941127	610535
长春分院 Changchun Branch	1975288	1876940	677401	1176314
上海分院 Shanghai Branch	5530882	4738676	2952357	1502494
南京分院 Nanjing Branch	706304	643948	384489	204376
合肥地区 Hefei Area	1087908	560331	400246	142836
武汉分院 Wuhan Branch	797617	689061	388367	250941
广州分院 Guangzhou Branch	1300969	1093638	609430	357721

活动收入(2011 年)

CAS Research Institutions: 2011

(thousand yuan)

地方政府资金 Funds from local government	技术性收入 Technical income	其中: 来自企业 Of which: From enterprises	国外资金 Funds from abroad	用于科技活动的贷款 Loans for S&T activities
1047565	**4132882**	**1768805**	**266222**	**247001**
238366	1625049	985529	107439	22732
58810	541484	316679	49527	697
23279	61165	17545	10913	190000
303070	487799	128349	62182	
36897	27824	6564	2247	
17128	486264	16410	10977	
46090	84466	64898	5455	2601
177216	185403	106617	6882	971

地区及学科 Region and field	科技活动收入 Total income of S&T activities	政府资金 Government funds	财政补助收入 Income from government subsidy	承担政府科研项目收入 Income from undertaking government research projects
成都分院 Chengdu Branch	894256	735724	326126	408058
昆明分院 Kunming Branch	634509	537549	369826	136147
西安分院 Xi'an Branch	649291	356436	247581	105630
兰州分院 Lanzhou Branch	985790	759548	654327	75271
新疆分院 Xinjiang Branch	305141	275729	140285	77927
二、按学科分 By field				
数学、物理 Mathematics & physics	6073133	4706667	3289391	1297084
化学与化工 Chemistry & chemical engineering	4057799	2980590	1885073	992425
地学 Earth sciences	3923778	3361563	2042105	1066293
生物学 Biological sciences	4912288	4322175	2773053	1219299
技术科学 Technological sciences	10188209	8137645	3469490	4396348
其他 Others	105866	97613	81130	15806

续表 6-3

地方政府资金 Funds from local government	技术性收入 Technical income	其中: 来自企业 Of which: From enterprises	国外资金 Funds from abroad	用于科技活动的贷款 Loans for S&T activities
25743	107874	34204		
40457	78631	10733	6201	
1195	273595	16204		30000
22074	148274	53028	2057	
57240	25054	12045	2342	
111285	1201067	398564	49944	15000
105663	872307	559782	61831	195000
247593	460783	213831	35974	
257730	384956	94751	81685	4269
313842	1210109	500024	32281	32732
11452	3660	1853	4507	

地区及学科 Region and field	科技活动收入 Total income of S&T activities	政府资金 Government funds	财政补助收入 Income from government subsidy	承担政府科研项目收入 Income from undertaking government research projects
三、按科研单位分 By institute				
北京市 Beijing	11960872	9706349	5448680	3939005
数学与系统科学研究院 Academy of Mathematics and Systems Science	183230	176033	141740	34293
物理研究所 Inst. of Physics	453960	426983	191745	228012
声学研究所 Inst. of Acoustics	562607	355469	178787	172064
理论物理研究所 Inst. of Theoretical Physics	39038	38956	27574	11230
高能物理研究所 Inst. of High Energy Physics	644185	514479	409433	104746
国家天文台 National Astronomical Observatories of China	493601	487579	341184	139737
力学研究所 Inst. of Mechanics	291835	201782	130829	70798
理化技术研究所 Technical Inst. of Physics and Chemistry	418922	307360	194222	109167
化学研究所 Inst. of Chemistry	429603	346402	233420	111142
生态环境研究中心 Research Center for Eco-Environmental Sciences	390866	296435	165972	120327
国家纳米科学中心 National Center for Nanoscience and Technology	112116	96711	61518	34908
过程工程研究所 Inst. of Process Engineering	315112	246664	109937	126445

续表 6-3

地方政府资金 Funds from local government	技术性收入 Technical income	其中: 来自企业 Of which: From enterprises	国外资金 Funds from abroad	用于科技活动的贷款 Loans for S&T activities
238366	1625049	985529	107439	22732
2109	6851		41	
4280	18616	1840	575	
3815	205662	205662		15000
	82			
	109316	6513	20390	
			3782	
1428	87556			
3290	97617	96863	10719	
4797	42808	24554	348	
10136	90616	58005	1961	
	5200	5200	10205	
8886	62072	53385	4125	

地区及学科 Region and field	科技活动收入 Total income of S&T activities	政府资金 Government funds	财政补助收入 Income from government subsidy	承担政府科研项目收入 Income from undertaking government research projects
遥感应用研究所 Inst. of Remote Sensing Application	222711	147322	99247	45108
地理科学与资源研究所 Inst. of Geographic Sciences and Natural Resources Research	480941	450899	233061	152167
青藏高原研究所 Inst. of Tibetan Plateau Research	109287	99530	64527	34379
古脊椎动物与古人类研究所 Inst. of Vertebrate Paleontology and Paleoanthropology	71130	62450	38946	16992
地质与地球物理研究所 Inst. of Geology and Geophysics	344400	270338	175065	95239
大气物理研究所 Inst. of Atmospheric Physics	337005	300735	142888	154808
植物研究所 Inst. of Botany	305086	280175	202955	71454
动物研究所 Inst. of Zoology	247648	241297	152602	33971
心理研究所 Inst. of Psychology	83022	41648	23892	15257
微生物研究所 Inst. of Microbiology	198107	167127	109983	54526
生物物理研究所 Inst. of Biophysics	298210	261127	142873	110598
遗传与发育生物学研究所 Inst. of Genetics and Developmental Biology	353543	345628	163495	174610
北京基因组研究所 Beijing Inst. of Genomics	123183	108468	85675	22784

续表 6-3

地方政府资金 Funds from local government	技术性收入 Technical income	其中：来自企业 Of which: From enterprises	国外资金 Funds from abroad	用于科技活动的贷款 Loans for S&T activities
2967	66431	12732	4042	
63127	11626	9733	15182	
	7725	174	2032	
6512	7791		344	
100	74038	69656		
3329	34223		1950	
2898	23636			
	3159		486	
	33916	1999		
1063	25899	16917	5081	
3532	17405			
2110	3652		4263	
	12682	7213	49	

地区及学科 Region and field	科技活动 收 入 Total income of S&T activities	政府资金 Government funds	财政补助 收 入 Income from government subsidy	承担政府 科研项目 收 入 Income from undertaking government research projects
计算技术研究所 Inst. of Computing Technology	387723	284546	126528	140835
软件研究所 Inst. of Software	296780	260367	93835	151448
半导体研究所 Inst. of Semiconductors	355022	325676	154850	167310
信息工程研究所 Inst. of Information Engineering	72692	72500	72500	
微电子研究所 Inst. of Microelectronics	497808	411548	106434	286710
电子学研究所 Inst. of Electronics	918914	731129	224223	497939
自动化研究所 Inst. of Automation	280226	87973	86641	
光电研究院 Academy of Opto-Electronics	147609	147609	80562	67047
电工研究所 Inst. of Electrical Engineering	293300	207961	130711	49093
工程热物理研究所 Inst. of Engineering Thermophysics	180027	155416	101306	53015
空间科学与应用研究中心 Center for Space Science and Applied Research	410003	382427	150461	231966
对地观测与数字地球科学中心 Center for Earth Observation and Digital Earth	186641	118305	94482	21004
自然科学史研究所 Inst. of History of Natural Sciences	33508	30183	28696	810

地方政府资金 Funds from local government	技术性收入 Technical income	其中:来自企业 Of which: From enterprises	国外资金 Funds from abroad	用于科技活动的贷款 Loans for S&T activities
16284	51891	45423	1286	
15084	23165	21506	670	
620	27408	8055		
	192			
13058	82064	62285	4196	
8967	29432			
	38295	38295	2253	
28157	83958	83958	1381	2732
4200	22139	22139	2472	
	25678	2680	130	
	48183	522	434	
677	1857	50	1382	

地区及学科 Region and field	科技活动收入 Total income of S&T activities	政府资金 Government funds	财政补助收入 Income from government subsidy	承担政府科研项目收入 Income from undertaking government research projects
科技政策与管理科学研究所 Inst. of Policy and Management	72358	67430	52434	14996
山西省 Shanxi Province				
山西煤炭化学研究所 Shanxi Inst. of Coal Chemistry	318913	151682	123447	12070
辽宁省、山东省 Liaoning and Shandong Provinces	2432246	1632324	941127	610535
大连化学物理研究所 Dalian Inst. of Chemical Physics	680822	490863	235951	245829
沈阳应用生态研究所 Shenyang Inst. of Applied Ecology	149473	128830	79773	42343
沈阳自动化研究所 Shenyang Inst. of Automation	527607	206842	117057	84995
金属研究所 Inst. of Metal Research	532408	314963	217530	85668
海洋研究所 Inst. of Oceanology	418780	381696	219713	126244
青岛生物能源与过程研究所 Qingdao Inst. of Bioenergy and Bioprocess Technology	69526	56143	37685	14278
烟台海岸带研究所 Yantai Inst. of Coastal Zone Research	53630	52987	33418	11178
吉林省 Jilin Province	1975288	1876940	677401	1176314
长春应用化学研究所 Changchun Inst. of Applied Chemistry	433174	372012	254211	96763
东北地理与农业生态研究所 Northeast Inst. of Geography and Agroecology	98420	94777	66309	27579

地方政府资金 Funds from local government	技术性收入 Technical income	其中:来自企业 Of which: From enterprises	国外资金 Funds from abroad	用于科技活动的贷款 Loans for S&T activities
10775	1803	1803	3125	
16165	140405	128367	4535	5000
58810	541484	316679	49527	697
6289	165538	165538	24421	
6147	18179	5671	889	697
4212	114356	112505		
1520	206860	6818	10585	
34117	29283	21188	6876	
4180	6625	4959	6756	
2345	643			
23279	61165	17545	10913	190000
18716	56108	13902	5054	190000
4007	3643	3643		

地区及学科 Region and field	科技活动收入 Total income of S&T activities	政府资金 Government funds	财政补助收入 Income from government subsidy	承担政府科研项目收入 Income from undertaking government research projects
长春光学精密机械与物理研究所 Changchun Inst. of Optics，Fine Mechanics and Physics	1443694	1410151	356881	1051972
上海市、福建省、浙江省 Shanghai, Fujian Province, and Zhejiang Province	5530882	4738676	2952357	1502494
上海应用物理研究所 Shanghai Inst. of Applied Physics	535340	465126	431420	30068
上海天文台 Shanghai Observatory	161184	139221	99868	36806
上海硅酸盐研究所 Shanghai Inst. of Ceramics	531547	331657	219172	94275
上海有机化学研究所 Shanghai Inst. of Organic Chemistry	340253	280602	212893	66035
上海药物研究所 Shanghai Inst. of Materia Medica	442655	335366	172282	56009
上海生命科学研究院 Shanghai Institutes for Biological Sciences	1058181	982778	766318	192522
上海微系统与信息技术研究所 Shanghai Inst. of Microsystem and Information Technology	691746	588071	375070	126357
上海光学精密机械研究所 Shanghai Inst. of Optics and Fine Mechanics	667208	637232	232775	396575
上海技术物理研究所 Shanghai Inst. of Technical Physics	686628	603238	207533	389737

地方政府资金 Funds from local government	技术性收入 Technical income	其中：来自企业 Of which: From enterprises	国外资金 Funds from abroad	用于科技活动的贷款 Loans for S&T activities
556	1414		5859	
303070	487799	128349	62182	
3638	70029	5006	185	
2547	1036	147	1003	
18210	170062	8612	10699	
8984	59447	59447	204	
105629	67087	3962	31770	
23938	27809	16976	17802	
73514	46195	26275		
7330	11664	5106	519	
4283	22138			

地区及学科 Region and field	科技活动收入 Total income of S&T activities	政府资金 Government funds	财政补助收入 Income from government subsidy	承担政府科研项目收入 Income from undertaking government research projects
福建物质结构研究所 Fujian Inst. of Research on the Structure of Matter	208002	181196	125453	55743
宁波材料技术与工程研究所 Ningbo Inst. of Material Technology and Engineering	140261	127376	73569	38684
城市环境研究所 Inst. of Urban Environment	67877	66813	36004	19683
江苏省 Jiangsu Province	706304	643948	384489	204376
紫金山天文台 Purple Mountain Observatory	254305	238193	165330	70488
南京地理与湖泊研究所 Nanjing Inst. of Geography and Limnology	141000	123514	51856	31074
南京地质古生物研究所 Nanjing Inst. of Geology and Palaeontology	100082	86638	65065	19190
南京土壤研究所 Nanjing Inst. of Soil Science	210917	195603	102238	83624
安徽省 Anhui Province	1087908	560331	400246	142836
合肥物质科学研究院 Hefei Institutes of Physical Sciences	1087908	560331	400246	142836
湖北省 Hubei Province	797617	689061	388367	250941
武汉物理与数学研究所 Wuhan Inst. of Physics and Mathematics	186266	177165	105935	70998

地方政府资金 Funds from local government	技术性收入 Technical income	其中:来自企业 Of which: From enterprises	国外资金 Funds from abroad	用于科技活动的贷款 Loans for S&T activities
	9024			
35495	2531	2531		
19502	777	287		
36897	27824	6564	2247	
2056	9027	10		
23098	150			
1200	11107	5029		
10543	7540	1525	2247	
17128	486264	16410	10977	
17128	486264	16410	10977	
46090	84466	64898	5455	2601
	425			

地区及学科 Region and field	科技活动收入 Total income of S&T activities	政府资金 Government funds	财政补助收入 Income from government subsidy	承担政府科研项目收入 Income from undertaking government research projects
武汉岩土力学研究所 Wuhan Inst. of Rock and Soil Mechanics	189421	140295	63837	36239
测量与地球物理研究所 Inst. of Geodesy and Geophysics	75600	70067	37454	31317
武汉植物园 Wuhan Botanical Garden	95465	60428	42701	15694
水生生物研究所 Inst. of Hydrobiology	171843	168926	90732	72984
武汉病毒研究所 Wuhan Inst. of Virology	79022	72180	47708	23709
广东省、湖南省 Guangdong and Hunan Provinces	1300969	1093638	609430	357721
广州地球化学研究所 Guangzhou Inst. of Geochemistry	204186	173269	110931	54503
南海海洋研究所 South China Sea Inst. of Oceanology	309036	238278	117770	87722
华南植物园 South China Botanical Garden	155428	127046	90917	25466
广州生物医药与健康研究院 Guangzhou Institutes of Biomedicine and Health	139434	131497	64291	33864
广州能源研究所 Guangzhou Inst. of Energy Conversion	169807	122184	65793	36721
亚热带农业生态研究所 Inst. of Subtropical Agriculture	77724	73625	48844	20866

续表 6-3

地方政府资金 Funds from local government	技术性收入 Technical income	其中:来自企业 Of which: From enterprises	国外资金 Funds from abroad	用于科技活动的贷款 Loans for S&T activities
40219	44134	41825	2016	
1296	3075	1408		
2033	31006	16945	2531	
1779	2668	2668	249	2594
763	3158	2052	659	7
177216	185403	106617	6882	971
5050	30422	8797	252	
30184	67669	56199	890	
7535	23546	2974	874	971
33316	7644	1568		
18674	37550	19316	2496	
3915	957	690	2370	

地区及学科 Region and field	科技活动收入 Total income of S&T activities	政府资金 Government funds	财政补助收入 Income from government subsidy	承担政府科研项目收入 Income from undertaking government research projects
深圳先进技术研究院 Shenzhen Institutes of Advanced Technology	245354	227739	110884	98579
四川省 Sichuan Province	894256	735724	326126	408058
成都山地灾害与环境研究所 Chengdu Inst. of Mountain Hazards and Environment	156310	145202	103161	42041
成都生物研究所 Chengdu Inst. of Biology	129179	96562	57607	38024
光电技术研究所 Inst. of Optics and Electronics	608767	493960	165358	327993
云南省、贵州省 Yunnan and Guizhou Provinces	634509	537549	369826	136147
地球化学研究所 Inst. of Geochemistry	183502	162917	125487	31732
昆明植物研究所 Kunming Inst. of Botany	184669	158383	103715	42666
西双版纳热带植物园 Xishuangbanna Tropical Botanical Garden	132202	88553	63858	11043
昆明动物研究所 Kunming Inst. of Zoology	134136	127696	76766	50706
陕西省 Shaanxi Province	649291	356436	247581	105630
地球环境研究所 Inst. of Earth Environment	86178	66918	53988	12930
西安光学精密机械研究所 Xi’an Inst. of Optics and Precision Mechanics	447984	220432	124507	92700

地方政府资金 Funds from local government	技术性收 入 Technical income	其中:来自企业 Of which: From enterprises	国外资金 Funds from abroad	用于科技活动的贷款 Loans for S&T activities
78542	17615	17073		
25743	107874	34204		
18253	11108	8451		
5239	6937	216		
2251	89829	25537		
40457	78631	10733	6201	
5015	17180	2317	1088	
12002	19294	8123	4765	
13652	41657	30	348	
9788	500	263		
1195	273595	16204		30000
1095	227552			30000

地区及学科 Region and field	科技活动收入 Total income of S&T activities	政府资金 Government funds	财政补助收入 Income from government subsidy	承担政府科研项目收入 Income from undertaking government research projects
国家授时中心 National Time Service Center	115129	69086	69086	
甘肃省、青海省 Gansu and Qinghai Provinces	985790	759548	654327	75271
近代物理研究所 Inst. of Modern Physics	339764	312510	277502	34082
兰州化学物理研究所 Lanzhou Inst. of Chemical Physics	222568	140575	104957	24511
寒区旱区环境与工程研究所 Cold and Arid Regions Environmental and Engineering Research Inst.	275000	187583	187583	
青海盐湖研究所 Qinghai Inst. of Saline Lakes	74823	45791	38142	4377
西北高原生物研究所 Northwest Inst. of Plateau Biology	73635	73089	46143	12301
新疆维吾尔自治区 Xinjiang Uygur Autonomous Region	305141	275729	140285	77927
新疆理化技术研究所 Xinjiang Technical Inst. of Physics and Chemistry	116438	96099	60653	5520
新疆生态与地理研究所 Xinjiang Inst. of Ecology and Geography	188703	179630	79632	72407

注：1. 表 6-3 与表 6-4 为国家科学技术部《科技统计年报》统计口径。

Note: Table 6-3, 6-4 is based on the specifications of the *S&T Statistical Yearbook* of the Ministry of Science and

2. 表 6-3 与表 6-4 中山西煤炭化学研究所合并到北京分院。

In Table 6-3 and 6-4, Shanxi Inst. of Coal Chemistry has been merged into the jurisdiction of Beijing Branch.

3. 由于苏州纳米技术与纳米仿生研究所财务账户仍然下挂在其他单位，故未单独列出。

The Suzhou Institute of Nano-Tech and Nano-Bionics under the financial account is still hanging in the

续表 6-3

地方政府资金 Funds from local government	技术性收入 Technical income	其中：来自企业 Of which: From enterprises	国外资金 Funds from abroad	用于科技活动的贷款 Loans for S&T activities
100	46043	16204		
22074	148274	53028	2057	
926	86		256	
10480	43905	38088		
	77161	10256	976	
3000	27122	4684	279	
7668			546	
57240	25054	12045	2342	
29749	18323	8084		
27491	6731	3961	2342	

Technology.

other units, it is not listed separately.

6-4 科研机构科技活动经费内部支出情况(2011 年)

Total Internal Expenditure of S&T Activities in CAS Research Institutions: 2011

单位：千元 (thousand yuan)

地区及学科 Region and field	科研活动经费内部支出 合　计 Total internal expenditure for scientific research activities	人员费用 Personnel cost	设备购置费 Expenditure for purchasing equipment	其他日常支出 Other daily expenditure
总　计 Total	**24917847**	**6421682**	**4514927**	**13981239**
一、按地区、分院分 By region and branch				
北京分院(筹) Beijing Branch	10529552	2569308	2039696	5920549
沈阳分院 Shenyang Branch	2208776	567628	358584	1282564
长春分院 Changchun Branch	1486572	323329	189997	973246
上海分院 Shanghai Branch	4545052	1252224	884367	2408461
南京分院 Nanjing Branch	581887	145269	93581	343037
合肥地区 Hefei Area	680461	167351	135309	377801
武汉分院 Wuhan Branch	636193	201783	96866	337544
广州分院 Guangzhou Branch	1152836	385762	184528	582546
成都分院 Chengdu Branch	790323	191263	112873	486187
昆明分院 Kunming Branch	574232	173856	115065	285311
西安分院 Xi’an Branch	598683	129069	73493	396121
兰州分院 Lanzhou Branch	887771	248060	184607	455104
新疆分院 Xinjiang Branch	245509	66780	45961	132768
二、按学科分 By field				
数学、物理 Mathematics & physics	4781198	1298683	989726	2492789
化学与化工 Chemistry & chemical engineering	3538560	956235	736401	1845924
地学 Earth sciences	3388078	893252	539206	1955620
生物学 Biological sciences	4882851	1300148	830461	2752242
技术科学 Technological sciences	8224162	1940112	1410985	4873066
其他 Others	102998	33252	8148	61598

续表 6-4

地区及学科 Region and field	科研活动经费内部支出合计 Total internal expenditure for scientific research activities	人员费用 Personnel cost	设备购置费 Expenditure for purchasing equipment	其他日常支出 Other daily expenditure
三、按科研单位分 By institute				
北京市 Beijing	10529552	2569308	2039696	5920549
数学与系统科学研究院 Academy of Mathematics and Systems Science	193834	58624	6430	128780
物理研究所 Inst. of Physics	347014	72078	92874	182062
声学研究所 Inst. of Acoustics	425018	92494	55436	277088
理论物理研究所 Inst. of Theoretical Physics	40345	14472	5680	20193
高能物理研究所 Inst. of High Energy Physics	538701	150220	114732	273749
国家天文台 National Astronomical Observatories of China	510583	152122	113005	245456
力学研究所 Inst. of Mechanics	195145	51383	29732	114030
理化技术研究所 Technical Inst. of Physics and Chemistry	352526	83026	89417	180083
化学研究所 Inst. of Chemistry	428628	86700	134909	207019
生态环境研究中心 Research Center for Eco-Environmental Sciences	300484	69718	38450	192316
国家纳米科学中心 National Center for Nanoscience and Technology	116523	31107	32962	52454
过程工程研究所 Inst. of Process Engineering	273331	75810	78554	118967
遥感应用研究所 Inst. of Remote Sensing Application	220457	52625	33385	134447
地理科学与资源研究所 Inst. of Geographic Sciences and Natural Resources Research	377955	129540	23770	224645
青藏高原研究所 Inst. of Tibetan Plateau Research	85764	26483	15866	43415
古脊椎动物与古人类研究所 Inst. of Vertebrate Paleontology and Paleoanthropology	64715	22871	6974	34870
地质与地球物理研究所 Inst. of Geology and Geophysics	352651	51001	63124	238526
大气物理研究所 Inst. of Atmospheric Physics	267222	69068	60877	137277
植物研究所 Inst. of Botany	326836	95240	56363	175233
动物研究所 Inst. of Zoology	311017	58014	40129	212874

续表 6-4

地区及学科 Region and field	科研活动经费内部支出合计 Total internal expenditure for scientific research activities	人员费用 Personnel cost	设备购置费 Expenditure for purchasing equipment	其他日常支出 Other daily expenditure
心理研究所 Inst. of Psychology	77794	28849	10470	38475
微生物研究所 Inst. of Microbiology	234505	65822	30388	138295
生物物理研究所 Inst. of Biophysics	315102	67753	83827	163522
遗传与发育生物学研究所 Inst. of Genetics and Developmental Biology	445667	69410	87300	288957
北京基因组研究所 Beijing Inst. of Genomics	114325	29423	16747	68155
计算技术研究所 Inst. of Computing Technology	405788	109691	60733	235364
软件研究所 Inst. of Software	196253	73035	23569	99649
半导体研究所 Inst. of Semiconductors	267863	70176	62420	135267
信息工程研究所 Inst. of Information Engineering	26815	843	2342	23631
微电子研究所 Inst. of Microelectronics	410907	72352	153999	184556
电子学研究所 Inst. of Electronics	498410	103231	66427	328752
自动化研究所 Inst. of Automation	189382	62825	15831	110726
光电研究院 Academy of Opto-Electronics	179133	40865	48213	90055
电工研究所 Inst. of Electrical Engineering	319861	54463	80322	185076
工程热物理研究所 Inst. of Engineering Thermophysics	227144	32205	86682	108257
空间科学与应用研究中心 Center for Space Science and Applied Research	322944	91311	27569	204064
对地观测与数字地球科学中心 Center for Earth Observation and Digital Earth	192767	52579	36584	103604
自然科学史研究所 Inst. of History of Natural Sciences	32588	10299	6078	16211
科技政策与管理科学研究所 Inst. of Policy and Management	70410	22953	2070	45387
山西省 Shanxi Province				
山西煤炭化学研究所 Shanxi Inst. of Coal Chemistry	273145	68627	45456	159062
辽宁省、山东省 Liaoning and Shandong Provinces	2208776	567628	358584	1282564
大连化学物理研究所 Dalian Inst. of Chemical Physics	589753	139857	111574	338322
沈阳应用生态研究所 Shenyang Inst. of Applied Ecology	142910	42552	23891	76467
沈阳自动化研究所 Shenyang Inst. of Automation	461656	73227	25294	363135

地区及学科 Region and field	科研活动经费内部支出合计 Total internal expenditure for scientific research activities	人员费用 Personnel cost	设备购置费 Expenditure for purchasing equipment	其他日常支出 Other daily expenditure
金属研究所 Inst. of Metal Research	534293	148792	120988	264513
海洋研究所 Inst. of Oceanology	357898	117717	47135	193046
青岛生物能源与过程研究所 Qingdao Inst. of Bioenergy and Bioprocess Technology	74264	24678	20822	28764
烟台海岸带研究所 Yantai Inst. of Coastal Zone Research	48002	20805	8880	18317
吉林省 Jilin Province	1486572	323329	189997	973246
长春应用化学研究所 Changchun Inst. of Applied Chemistry	373689	118263	62310	193116
东北地理与农业生态研究所 Northeast Inst. of Geography and Agroecology	79464	22852	14325	42287
长春光学精密机械与物理研究所 Changchun Inst. of Optics，Fine Mechanics and Physics	1033419	182214	113362	737843
上海市、福建省、浙江省 Shanghai,Fujian Province,and Zhejiang Province	4545052	1252224	884367	2408461
上海应用物理研究所 Shanghai Inst. of Applied Physics	396739	124269	111149	161321
上海天文台 Shanghai Observatory	137809	42129	48176	47504
上海硅酸盐研究所 Shanghai Inst. of Ceramics	448494	111968	63051	273475
上海有机化学研究所 Shanghai Inst. of Organic Chemistry	348983	123713	85870	139400
上海药物研究所 Shanghai Inst. of Materia Medica	386072	90432	47185	248455
上海生命科学研究院 Shanghai Institutes for Biological Sciences	934973	292579	147866	494528
上海微系统与信息技术研究所 Shanghai Inst. of Microsystem and Information Technology	535618	114650	129650	291318
上海光学精密机械研究所 Shanghai Inst. of Optics and Fine Mechanics	387663	85735	43998	257930
上海技术物理研究所 Shanghai Inst. of Technical Physics	578817	128944	82299	367574
福建物质结构研究所 Fujian Inst. of Research on the Structure of Matter	160572	58833	41324	60415
宁波材料技术与工程研究所 Ningbo Inst. of Material Technology and Engineering	172917	65181	67505	40231
城市环境研究所 Inst. of Urban Environment	56395	13791	16294	26310
江苏省 Jiangsu Province	581887	145269	93581	343037
紫金山天文台 Purple Mountain Observatory	163882	59147	36305	68430

续表 6-4

地区及学科 Region and field	科研活动经费内部支出合计 Total internal expenditure for scientific research activities	人员费用 Personnel cost	设备购置费 Expenditure for purchasing equipment	其他日常支出 Other daily expenditure
南京地理与湖泊研究所 Nanjing Inst. of Geography and Limnology	140283	25517	16269	98497
南京地质古生物研究所 Nanjing Inst. of Geology and Palaeontology	84802	23852	5366	55584
南京土壤研究所 Nanjing Inst. of Soil Science	192920	36753	35641	120526
安徽省 Anhui Province	680461	167351	135309	377801
合肥物质科学研究院 Hefei Institutes of Physical Sciences	680461	167351	135309	377801
湖北省 Hubei Province	636193	201783	96866	337544
武汉物理与数学研究所 Wuhan Inst. of Physics and Mathematics	106547	34727	25242	46578
武汉岩土力学研究所 Wuhan Inst. of Rock and Soil Mechanics	154201	64270	12092	77839
测量与地球物理研究所 Inst. of Geodesy and Geophysics	37670	13982	1749	21939
武汉植物园 Wuhan Botanical Garden	87813	33384	13718	40711
水生生物研究所 Inst. of Hydrobiology	164619	33788	30289	100542
武汉病毒研究所 Wuhan Inst. of Virology	85343	21632	13776	49935
广东省、湖南省 Guangdong and Hunan Provinces	1152836	385762	184528	582546
广州地球化学研究所 Guangzhou Inst. of Geochemistry	161428	41232	33604	86592
南海海洋研究所 South China Sea Inst. of Oceanology	269303	70425	21165	177713
华南植物园 South China Botanical Garden	134856	51489	16891	66476
广州能源研究所 Guangzhou Inst. of Energy Conversion	122169	55377	12762	54030
亚热带农业生态研究所 Inst. of Subtropical Agriculture	69448	17912	13575	37961
广州生物医药与健康研究院 Guangzhou Institutes of Biomedicine and Health	132371	38455	17606	76310
深圳先进技术研究院 Shenzhen Institutes of Advanced Technology	263261	110872	68925	83464
四川省 Sichuan Province	790323	191263	112873	486187
成都山地灾害与环境研究所 Chengdu Inst. of Mountain Hazards and Environment	156603	27556	51385	77662

地区及学科 Region and field	科研活动经费内部支出合计 Total internal expenditure for scientific research activities	人员费用 Personnel cost	设备购置费 Expenditure for purchasing equipment	其他日常支出 Other daily expenditure
成都生物研究所 Chengdu Inst. of Biology	124009	33244	13951	76814
光电技术研究所 Inst. of Optics and Electronics	509711	130463	47537	331711
云南省、贵州省 Yunnan and Guizhou Provinces	574232	173856	115065	285311
地球化学研究所 Inst. of Geochemistry	118979	36019	18023	64937
昆明植物研究所 Kunming Inst. of Botany	190713	51327	31656	107730
西双版纳热带植物园 Xishuangbanna Tropical Botanical Garden	116581	40703	23326	52552
昆明动物研究所 Kunming Inst. of Zoology	147959	45807	42060	60092
陕西省 Shaanxi Province	598683	129069	73493	396121
地球环境研究所 Inst. of Earth Environment	80527	12273	22380	45874
西安光学精密机械研究所 Xi'an Inst. of Optics and Precision Mechanics	387371	81081	33974	272316
国家授时中心 National Time Service Center	130785	35715	17139	77931
甘肃省、青海省 Gansu and Qinghai Provinces	887771	248060	184607	455104
近代物理研究所 Inst. of Modern Physics	324675	68387	75614	180674
兰州化学物理研究所 Lanzhou Inst. of Chemical Physics	179557	50182	35068	94307
寒区旱区环境与工程研究所 Cold and Arid Regions Environmental and Engineering Research Inst.	265384	77132	54068	134184
青海盐湖研究所 Qinghai Inst. of Saline Lakes	45401	21457	6873	17071
西北高原生物研究所 Northwest Inst. of Plateau Biology	72754	30902	12984	28868
新疆维吾尔自治区 Xinjiang Uygur Autonomous Region	245509	66780	45961	132768
新疆理化技术研究所 Xinjiang Technical Inst. of Physics and Chemistry	82933	28269	21394	33270
新疆生态与地理研究所 Xinjiang Inst. of Ecology and Geography	162576	38511	24567	99498

注：1. 科技活动经费内部支出不包括本机构委托外单位或与外单位合作而拨给对方的经费。
Note: The total internal expenditure of S&T activities does not include the funds allocated by the institution to other units for cooperation.

2. 由于苏州纳米技术与纳米仿生研究所财务账户仍然下挂在其他单位，故未单独列出。
The Suzhou Institute of Nano-Tech and Nano-Bionics under the financial account is still hanging in the other units, it is not listed separately.

6-5 科研机构基本建设投资完成情况(2011 年)

Capital Construction Expenditure in CAS Research Institutions: 2011

单元：千元 (thousand yuan)

地区及学科 Region and field	基本建设投资实际完成额 Actual expenditure in capital construction investment	科研仪器设备 Scientific research instruments and equipment	科研土建工程 Civil engineering projects for scientific research	生产经营土建与设备 Civil engineering for production, operation and equipment	生活土建与设备 Civil engineering for living and equipment
总　计 Total	**4158143**	**814664**	**3179631**		**163848**
一、按地区、分院分 By region and branch					
北京分院(筹) Beijing Branch	2096955	314302	1727666		54987
沈阳分院 Shenyang Branch	615376	102749	512027		600
长春分院 Changchun Branch	103893	86016	16077		1800
上海分院 Shanghai Branch	515339	134974	377365		3000
南京分院 Nanjing Branch	137024		135824		1200
合肥地区 Hefei Area	287294	113812	94618		78864
武汉分院 Wuhan Branch	93478	580	91698		1200
广州分院 Guangzhou Branch	74728	4736	69992		
成都分院 Chengdu Branch	99864	31015	68849		

地区及学科 Region and field	基本建设投资实际完成额 Actual expenditure in capital construction investment	科研仪器设备 Scientific research instruments and equipment	科研土建工程 Civil engineering projects for scientific research	生产经营土建与设备 Civil engineering for production, operation and equipment	生活土建与设备 Civil engineering for living and equipment
昆明分院 Kunming Branch	20658		20058		600
西安分院 Xi'an Branch	45310	26480	16027		2803
兰州分院 Lanzhou Branch	64766		45972		18794
新疆分院 Xinjiang Branch	3458		3458		
二、按学科分 By field					
数学、物理 Mathematics & physics	725502	162865	462579		100058
化学与化工 Chemistry & chemical engineering	645692	183640	460852		1200
地学 Earth sciences	615033	3892	556154		54987
生物学 Biological sciences	665930	87335	574395		4200
技术科学 Technological sciences	1472986	376932	1092651		3403
其他 Others	33000		33000		

6-6 科研机构科研仪器

Original Value of Scientific Equipment and

单位：千元

地区、学科及科研单位 Region，field and research institution	合 计 Total				
	总 额 (千元) Total value (thousand yuan)	100 千元以上 Above 100 (thousand yuan)	100 千元以上 台(套)数 Over 100 thousand yuan (set)	其中：进口 (千元) Of which: Imported (thousand yuan)	100 千元以上 Above 100 (thousand yuan)
总 计 Total	**25914364**	**19436719**	**46210**	**13743152**	**11978013**
一、按地区、分院分 By region and branch					
北京分院(筹) Beijing Branch	11235734	8207566	24190	5768032	4962344
沈阳分院 Shenyang Branch	2268081	1810838	3411	1316390	1215304
长春分院 Changchun Branch	1155228	953654	1731	578060	542077
上海分院 Shanghai Branch	5087019	3767076	7727	2894424	2481100
南京分院 Nanjing Branch	686362	526240	1189	396263	353669
合肥地区 Hefei Area	881442	721247	891	283137	254116
武汉分院 Wuhan Branch	560502	389421	780	338120	284039
广州分院 Guangzhou Branch	809546	629346	1229	508557	449999
成都分院 Chengdu Branch	594284	486831	795	380713	357749
昆明分院 Kunming Branch	499669	357009	658	308002	250180
西安分院 Xi’an Branch	546292	424162	827	285454	253453
兰州分院 Lanzhou Branch	1383944	1018346	2459	571649	471544
新疆分院 Xinjiang Branch	206261	144983	323	114351	102439

设备原值情况(2011 年)
Instrumentation in CAS Research Institutions: 2011

(thousand yuan)

其中: 20 世纪 90 年代制造 Of which: Made in the 1990s				其中: 2000 年及以后制造 Of which: Made after 2000			
总额 (千元) Total value (thousand yuan)	100 千元以上 Above 100 (thousand yuan)	其中: 进口 (千元) Of which: Imported (thousand yuan)	100 千元以上 Above 100 (thousand yuan)	总额 (千元) Total value (thousand yuan)	100 千元以上 Above 100 (thousand yuan)	其中: 进口 (千元) Of which: Imported (thousand yuan)	100 千元以上 Above 100 (thousand yuan)
1655301	**1328682**	**923603**	**815989**	**23495851**	**17718200**	**12480466**	**10836954**
737574	590989	426060	373629	10156823	7463045	5128201	4373717
123988	98187	86387	70039	2112774	1687279	1204983	1121259
58054	48528	37564	36025	1069004	885188	517982	486742
349351	270221	173123	157720	4632253	3447612	2695937	2301586
27686	19883	17693	14814	651199	501437	373129	335529
109973	104787	25289	24047	755289	602720	255672	228180
25602	17586	17942	16784	521541	361967	313570	255515
29980	27501	26757	25651	738570	563150	473285	415893
33314	27236	22540	20203	487255	441364	344614	328814
32751	25387	22410	19694	465118	331097	284861	230363
32798	25986	22078	20413	458449	382557	259071	230136
86317	66865	40757	32601	1252982	913870	522964	433693
7913	5526	5003	4369	194594	136914	106197	95527

地区、学科及科研单位 Region，field and research institution	合　计 Total				
	总　额 (千元) Total value (thousand yuan)	100 千元以上 Above 100 (thousand yuan)	100 千元以上台(套)数 Over 100 thousand yuan (set)	其中：进口 (千元) Of which: Imported (thousand yuan)	100 千元以上 Above 100 (thousand yuan)
二、按学科分 By field					
数学、物理 Mathematics & physics	6904781	5272432	9106	2700448	2356367
化学与化工 Chemistry & chemical engineering	4366507	3391408	15618	2687362	2447043
地学 Earth sciences	2888575	2033737	4290	1618432	1450887
生物学 Biological sciences	4534117	2901678	6761	2812911	2067798
技术科学 Technological sciences	7194075	5833768	10426	3920990	3652909
其他 Others	26309	3696	9	3009	3009
三、按科研单位分 By institute					
北京市 Beijing	11235734	8207566	24190	5768032	4962344
数学与系统科学研究院 Academy of Mathematics and Systems Science	83709	19255	20	5350	5350
物理研究所 Inst. of Physics	755993	609979	1057	619015	556512
声学研究所 Inst. of Acoustics	539520	448437	537	114592	100644
理论物理研究所 Inst. of Theoretical Physics	26121	16839	18		
高能物理研究所 Inst. of High Energy Physics	1328388	1008055	1826	468318	385157
国家天文台 National Astronomical Observatories of China	704283	556217	532	160882	153076
力学研究所 Inst. of Mechanics	255519	158619	405	84989	76953
理化技术研究所 Technical Inst. of Physics and Chemistry	293712	210311	492	95554	83897

续表 6-6

其中: 20 世纪 90 年代制造 Of which: Made in the 1990s				其中: 2000 年及以后制造 Of which: Made after 2000			
总 额 (千元) Total value (thousand yuan)	100 千元以上 Above 100 (thousand yuan)	其中: 进口 (千元) Of which: Imported (thousand yuan)	100 千元以上 Above 100 (thousand yuan)	总 额 (千元) Total value (thousand yuan)	100 千元以上 Above 100 (thousand yuan)	其中: 进口 (千元) Of which: Imported (thousand yuan)	100 千元以上 Above 100 (thousand yuan)
428636	336374	180846	153156	6186796	4764093	2448823	2146160
239028	200388	189713	181210	3981273	3118566	2463021	2209773
186584	160092	139952	130347	2564152	1811867	1448278	1298715
265299	174202	96949	62833	4234685	2709812	2694025	1980825
535440	457626	316143	288443	6502950	5310166	3423310	3198472
314				25995	3696	3009	3009
737574	590989	426060	373629	10156823	7463045	5128201	4373717
				83709	13905	5350	5350
54016	44341	44684	40929	687966	555941	562576	506319
12529	9246	5105	4272	522384	438744	107365	96081
				26121	16839		
65627	40925	26616	17389	1232410	950523	427090	360740
31931	27728	8222	7639	588722	511937	133153	123378
36740	28723	26300	24401	189739	105174	56015	50454
16554	11427	239	212	276401	198199	95315	83685

地区、学科及科研单位 Region，field and research institution	合 计 Total				
	总 额 (千元) Total value (thousand yuan)	100 千元以上 Above 100 (thousand yuan)	100 千元以上台(套)数 Over 100 thousand yuan (set)	其中：进口 (千元) Of which: Imported (thousand yuan)	100 千元以上 Above 100 (thousand yuan)
化学研究所 Inst. of Chemistry	459334	347620	853	366526	291445
生态环境研究中心 Research Center for Eco-Environmental Sciences	218181	170696	487	157919	135508
国家纳米科学中心 National Center for Nanoscience and Technology	147509	116542	198	112118	106390
过程工程研究所 Inst. of Process Engineering	351646	248057	9184	150025	139501
遥感应用研究所 Inst. of Remote Sensing Application	104862	64267	134	34590	33683
地理科学与资源研究所 Inst. of Geographic Sciences and Natural Resources Research	207837	113957	289	86038	80959
青藏高原研究所 Inst. of Tibetan Plateau Research	69343	60077	175	46608	40774
古脊椎动物与古人类研究所 Inst. of Vertebrate Paleontology and Paleoanthropology	27411	11554	29	13670	11554
地质与地球物理研究所 Inst. of Geology and Geophysics	429233	329590	599	273147	256593
大气物理研究所 Inst. of Atmospheric Physics	275689	160598	394	119837	103283
植物研究所 Inst. of Botany	190639	131088	320	160721	124433
动物研究所 Inst. of Zoology	214957	1112	301	165730	1036
心理研究所 Inst. of Psychology	45090	28329	82	24774	5954
微生物研究所 Inst. of Microbiology	210613	131472	402	169507	125030
生物物理研究所 Inst. of Biophysics	472763	412065	602	411618	380691
遗传与发育生物学研究所 Inst. of Genetics and Developmental Biology	309594	197884	448	175906	135418
北京基因组研究所 Beijing Inst. of Genomics	107372	92440	103	91869	83884

续表 6-6

其中: 20 世纪 90 年代制造 Of which: Made in the 1990s				其中: 2000 年及以后制造 Of which: Made after 2000			
总 额 (千元) Total value (thousand yuan)	100 千元以上 Above 100 (thousand yuan)	其中: 进口 (千元) Of which: Imported (thousand yuan)	100 千元以上 Above 100 (thousand yuan)	总 额 (千元) Total value (thousand yuan)	100 千元以上 Above 100 (thousand yuan)	其中: 进口 (千元) Of which: Imported (thousand yuan)	100 千元以上 Above 100 (thousand yuan)
32666	29573	29245	28399	424375	316310	335410	260309
8470	5877	6484	5717	207799	164143	149903	129115
				147509	116542	112118	106390
21948	12967	13169	11306	315065	191764	132862	98699
5536	4649	4293	4214	99317	59618	30297	29469
5205	2826	1824	1824	190456	111131	84214	79135
				69343	60077	46608	40774
2716	660	660	660	23109	10894	12060	10894
53615	51208	49467	48672	360533	270669	217847	204511
13705	11961	2179	2092	259575	146379	116849	100382
9387	7342	8311	7033	181252	123746	152410	117400
13852	80	11336	69	197891	1029	151357	964
2640	2093	1561	1561	42450	26236	23213	4393
12089	6072	10920	6072	198159	125206	158228	118764
18921	17821	12865	11004	450276	390964	396687	366824
9140	2058	1705	1431	300087	195721	174201	133987
				107372	92440	91869	83884

地区、学科及科研单位 Region，field and research institution	合 计 Total				
	总 额 (千元) Total value (thousand yuan)	100 千元以上 Above 100 (thousand yuan)	100 千元以上台(套)数 Over 100 thousand yuan (set)	其中: 进口 (千元) Of which: Imported (thousand yuan)	100 千元以上 Above 100 (thousand yuan)
计算技术研究所 Inst. of Computing Technology	225695	118383	274	52109	49170
软件研究所 Inst. of Software	84840	30927	116	5993	5950
信息工程研究所 Inst. of Information Engineering	2342				
半导体研究所 Inst. of Semiconductors	550400	476820	677	379585	356519
微电子研究所 Inst. of Microelectronics	422978	377869	462	347298	337592
电子学研究所 Inst. of Electronics	490340	405124	900	281177	252527
自动化研究所 Inst. of Automation	91477	37669	91	15690	14965
光电研究院 Academy of Opto-Electronics	203670	163934	268	66625	62235
电工研究所 Inst. of Electrical Engineering	182771	146122	414	75922	63370
工程热物理研究所 Inst. of Engineering Thermophysics	133280	103096	184	38462	33891
空间科学与应用研究中心 Center for Space Science and Applied Research	335847	227414	566	127333	117745
对地观测与数字地球科学中心 Center for Earth Observation and Digital Earth	303999	277297	279	168008	163691
自然科学史研究所 Inst. of History of Natural Sciences	14062	3148	6	3009	3009
科技政策与管理科学研究所 Inst. of Policy and Management	12247	548	3		
山西省 Shanxi Province					
山西煤炭化学研究所 Shanxi Inst. of Coal Chemistry	352468	194155	463	97518	83955
辽宁省、山东省 Liaoning and Shandong Provinces	2268081	1810838	3411	1316390	1215304
大连化学物理研究所 Dalian Inst. of Chemical Physics	966789	761264	1492	555445	522753

续表 6-6

其中: 20 世纪 90 年代制造 Of which: Made in the 1990s				其中: 2000 年及以后制造 Of which: Made after 2000			
总 额 (千元) Total value (thousand yuan)	100 千元以上 Above 100 (thousand yuan)	其中: 进口 (千元) Of which: Imported (thousand yuan)	100 千元以上 Above 100 (thousand yuan)	总 额 (千元) Total value (thousand yuan)	100 千元以上 Above 100 (thousand yuan)	其中: 进口 (千元) Of which: Imported (thousand yuan)	100 千元以上 Above 100 (thousand yuan)
5410	2695	2198	1895	220128	115550	49771	47137
154				84686	30927	5993	5950
				2342			
69165	61958	52624	49801	476264	410833	323374	303668
56558	55943	53725	53449	353832	310471	281147	272687
15768	11247	11564	9479	471524	393065	268254	242425
196				91269	37669	15690	14965
58667	54475	2399	1119	145003	109459	64226	61116
8765	5907	7246	5507	172488	139903	67784	57551
8226	6653	2030	1501	123989	96308	36253	32390
25315	18971	14100	11700	308956	207665	112210	105442
48140	45362	4711	4711	255581	231822	43778	43371
314				13748	3148	3009	3009
				12247	548		
13609	10201	10278	9571	242746	181546	83715	72105
123988	98187	86387	70039	2112774	1687279	1204983	1121259
41963	33830	28127	26209	919870	723186	522578	492296

地区、学科及科研单位 Region，field and research institution	合　计 Total				
	总　额 (千元) Total value (thousand yuan)	100 千元以上 Above 100 (thousand yuan)	100 千元以上 台(套)数 Over 100 thousand yuan (set)	其中：进口 (千元) Of which: Imported (thousand yuan)	100 千元以上 Above 100 (thousand yuan)
沈阳应用生态研究所 Shenyang Inst. of Applied Ecology	104421	58320	183	49800	35739
沈阳自动化研究所 Shenyang Inst. of Automation	150954	109383	236	69977	58451
金属研究所 Inst. of Metal Research	633037	567861	849	355470	348275
海洋研究所 Inst. of Oceanology	269992	217567	475	203831	173162
烟台海岸带研究所 Yantai Inst. of Coastal Zone Research	73029	45522	102	45145	40444
青岛生物能源与过程研究所 Qingdao Inst. of Bioenergy and Bioprocess Technology	69859	50921	74	36722	36480
吉林省 Jilin Province	1155228	953654	1731	578060	542077
长春应用化学研究所 Changchun Inst. of Applied Chemistry	375807	317165	626	282795	262154
东北地理与农业生态研究所 Northeast Inst. of Geography and Agroecology	155948	133718	161	27068	24482
长春光学精密机械与物理研究所 Changchun Inst. of Optics，Fine Mechanics and Physics	623473	502771	944	268197	255441
上海市、福建省、浙江省 Shanghai,Fujian Province, and Zhejiang Province	5087019	3767076	7727	2894424	2481100
上海应用物理研究所 Shanghai Inst. of Applied Physics	326077	191780	505	127577	107260
上海天文台 Shanghai Observatory	134012	96136	232	48023	42750
上海硅酸盐研究所 Shanghai Inst. of Ceramics	484404	424444	725	310669	299994
上海有机化学研究所 Shanghai Inst. of Organic Chemistry	324804	261323	502	248366	223273
上海药物研究所 Shanghai Inst. of Materia Medica	343726	273401	499	289943	252679
上海生命科学研究院 Shanghai Institutes for Biological Sciences	1352465	800556	2081	569612	369376

续表 6-6

其中: 20 世纪 90 年代制造 Of which: Made in the 1990s				其中: 2000 年及以后制造 Of which: Made after 2000			
总额(千元) Total value (thousand yuan)	100 千元以上 Above 100 (thousand yuan)	其中: 进口(千元) Of which: Imported (thousand yuan)	100 千元以上 Above 100 (thousand yuan)	总额(千元) Total value (thousand yuan)	100 千元以上 Above 100 (thousand yuan)	其中: 进口(千元) Of which: Imported (thousand yuan)	100 千元以上 Above 100 (thousand yuan)
8406	6697	7377	487	95734	51623	42347	31552
5133	2130	2785	818	143546	105201	65475	56095
47365	41280	30562	29417	564034	511091	310482	306302
21121	14250	17536	13108	246702	199735	182234	158090
				73029	45522	45145	40444
				69859	50921	36722	36480
58054	48528	37564	36025	1069004	885188	517982	486742
26553	24285	23606	23558	341034	285499	251081	231302
7833	7034	1824	1824	145886	125592	24693	22107
23668	17209	12134	10643	582084	474097	242208	233333
349351	270221	173123	157720	4632253	3447612	2695937	2301586
10680	6559	5679	5187	304400	180527	116756	97516
5575	4555	1804	1170	92088	67007	45039	40647
33395	30722	29871	29571	442136	386375	275472	265705
25054	22813	23113	21806	299690	238510	225228	201467
8520	7679	7927	7679	331648	262164	278458	241442
138779	92710	8832	5592	1213480	707846	560780	363784

地区、学科及科研单位 Region, field and research institution	合 计 Total				
	总 额 (千元) Total value (thousand yuan)	100 千元以上 Above 100 (thousand yuan)	100 千元以上台(套)数 Over 100 thousand yuan (set)	其中：进口 (千元) Of which: Imported (thousand yuan)	100 千元以上 Above 100 (thousand yuan)
上海微系统与信息技术研究所 Shanghai Inst. of Microsystem and Information Technology	591899	493903	753	372939	360020
上海光学精密机械研究所 Shanghai Inst. of Optics and Fine Mechanics	421642	326985	657	286764	252570
上海技术物理研究所 Shanghai Inst. of Technical Physics	631820	519998	994	411814	356356
福建物质结构研究所 Fujian Inst. of Research on the Structure of Matter	204045	155457	323	99318	92171
宁波材料技术与工程研究所 Ningbo Inst. of Material Technology and Engineering	205439	174703	367	87774	84268
城市环境研究所 Inst. of Urban Environment	66686	48390	89	41625	40383
江苏省 Jiangsu Province	686362	526240	1189	396263	353669
紫金山天文台 Purple Mountain Observatory	231111	187629	406	84642	77902
南京地理与湖泊研究所 Nanjing Inst. of Geography and Limnology	101485	57362	192	70520	57362
南京地质古生物研究所 Nanjing Inst. of Geology and Palaeontology	48632	39342	75	43092	37100
南京土壤研究所 Nanjing Inst. of Soil Science	110153	70631	198	65621	57235
苏州纳米技术与纳米仿生研究所 Suzhou Inst. of Nano-Tech and Nano-Bionics	194981	171276	318	132388	124070
安徽省 Anhui Province	881442	721247	891	283137	254116
合肥物质科学研究院 Hefei Institutes of Physical Sciences	881442	721247	891	283137	254116
湖北省 Hubei Province	560502	389421	780	338120	284039
武汉物理与数学研究所 Wuhan Inst. of Physics and Mathematics	228741	187280	316	171867	155046
武汉岩土力学研究所 Wuhan Inst. of Rock and Soil Mechanics	48260	26402	69	20435	19005
测量与地球物理研究所 Inst. of Geodesy and Geophysics	24398	13376	37	10376	9165

续表 6-6

其中: 20 世纪 90 年代制造 Of which: Made in the 1990s				其中: 2000 年及以后制造 Of which: Made after 2000			
总 额 (千元) Total value (thousand yuan)	100 千元以上 Above 100 (thousand yuan)	其中: 进口 (千元) Of which: Imported (thousand yuan)	100 千元以上 Above 100 (thousand yuan)	总 额 (千元) Total value (thousand yuan)	100 千元以上 Above 100 (thousand yuan)	其中: 进口 (千元) Of which: Imported (thousand yuan)	100 千元以上 Above 100 (thousand yuan)
31057	27346	24106	23000	528406	465381	347657	335844
25185	19549	18530	16746	393229	305712	266048	234224
59518	48867	45659	39989	564554	466170	360876	312324
11588	9421	7602	6980	190497	144827	90224	83982
				205439	174703	87774	84268
				66686	48390	41625	40383
27686	19883	17693	14814	651199	501437	373129	335529
7512	4952	3138	2957	219737	179151	78126	71619
6838	5228	6218	5228	94027	52134	63743	52134
4931	3727	4668	3726	42173	35615	36920	33374
8405	5976	3669	2903	100281	63261	61952	54332
				194981	171276	132388	124070
109973	104787	25289	24047	755289	602720	255672	228180
109973	104787	25289	24047	755289	602720	255672	228180
25602	17586	17942	16784	521541	361967	313570	255515
14604	13815	13484	13198	210542	170019	157636	141201
8451	1880	2374	1695	38092	24522	18059	17310
				17138	7524	4752	4073

地区、学科及科研单位 Region，field and research institution	合计 Total				
	总额 (千元) Total value (thousand yuan)	100 千元以上 Above 100 (thousand yuan)	100 千元以上台(套)数 Over 100 thousand yuan (set)	其中：进口 (千元) Of which: Imported (thousand yuan)	100 千元以上 Above 100 (thousand yuan)
武汉植物园 Wuhan Botanical Garden	36099	14412	65	13262	6414
水生生物研究所 Inst. of Hydrobiology	123881	92908	167	54467	44677
武汉病毒研究所 Wuhan Inst. of Virology	99123	55043	126	67713	49732
广东省、湖南省 Guangdong and Hunan Provinces	809546	629346	1229	508557	449999
广州地球化学研究所 Guangzhou Inst. of Geochemistry	169510	142131	222	141134	133198
南海海洋研究所 South China Sea Inst. of Oceanology	170170	141227	259	103781	99885
华南植物园 South China Botanical Garden	55217	27923	79	37383	23293
广州生物医药与健康研究院 Guangzhou Institutes of Biomedicine and Health	124093	83111	202	99032	77681
广州能源研究所 Guangzhou Inst. of Energy Conversion	84067	60398	118	20319	18863
亚热带农业生态研究所 Inst. of Subtropical Agriculture	39864	28446	70	27775	24080
深圳先进技术研究院 Shenzhen Institutes of Advanced Technology	166625	146110	279	79133	72999
四川省 Sichuan Province	594284	486831	795	380713	357749
成都山地灾害与环境研究所 Chengdu Inst. of Mountain Hazards and Environment	93854	29972	77	30927	24889
成都生物研究所 Chengdu Inst. of Biology	79293	45563	120	48838	38143
光电技术研究所 Inst. of Optics and Electronics	421137	411296	598	300948	294717
云南省、贵州省 Yunnan and Guizhou Provinces	499669	357009	658	308002	250180
地球化学研究所 Inst. of Geochemistry	102039	87203	116	86918	81686

其中: 20 世纪 90 年代制造 Of which: Made in the 1990s				其中: 2000 年及以后制造 Of which: Made after 2000			
总额(千元) Total value (thousand yuan)	100 千元以上 Above 100 (thousand yuan)	其中: 进口(千元) Of which: Imported (thousand yuan)	100 千元以上 Above 100 (thousand yuan)	总额(千元) Total value (thousand yuan)	100 千元以上 Above 100 (thousand yuan)	其中: 进口(千元) Of which: Imported (thousand yuan)	100 千元以上 Above 100 (thousand yuan)
524	221	314	221	35141	13911	12947	6192
				123881	92908	54467	44677
2023	1670	1770	1670	96747	53083	65709	42062
29980	27501	26757	25651	738570	563150	473285	415893
12690	12093	12405	11973	154304	127731	126362	118918
9564	9564	8999	8999	124218	95275	88634	84738
4121	3338	3735	3096	49036	24585	33648	20197
				124093	83111	99032	77681
2595	1769	1618	1583	81453	58629	18701	17280
1010	737			38841	27709	27775	24080
				166625	146110	79133	72999
33314	27236	22540	20203	487255	441364	344614	328814
3883	3114	2765	2349	39640	26858	28096	22540
3992	3273	3273	3273	59218	33854	34329	27173
25439	20849	16502	14581	388397	380652	282189	279101
32751	25387	22410	19694	465118	331097	284861	230363
10372	9881	9990	9881	91265	76920	76928	71805

地区、学科及科研单位 Region, field and research institution	合 计 Total				
	总 额 (千元) Total value (thousand yuan)	100 千元以上 Above 100 (thousand yuan)	100 千元以上 台(套)数 Over 100 thousand yuan (set)	其中: 进口 (千元) Of which: Imported (thousand yuan)	100 千元以上 Above 100 (thousand yuan)
昆明植物研究所 Kunming Inst. of Botany	187491	126572	240	67892	51684
西双版纳热带植物园 Xishuangbanna Tropical Botanical Garden	66109	45154	121	39342	31920
昆明动物研究所 Kunming Inst. of Zoology	144030	98080	181	113850	84890
陕西省 Shaanxi Province	546292	424162	827	285454	253453
地球环境研究所 Inst. of Earth Environment	76415	68570	103	65780	61375
西安光学精密机械研究所 Xi'an Inst. of Optics and Precision Mechanics	236343	155705	400	109453	93294
国家授时中心 National Time Service Center	233534	199887	324	110221	98784
甘肃省、青海省 Gansu and Qinghai Provinces	1383944	1018346	2459	571649	471544
近代物理研究所 Inst. of Modern Physics	747954	565151	1348	244668	183556
兰州化学物理研究所 Lanzhou Inst. of Chemical Physics	234273	187385	384	143080	135017
寒区旱区环境与工程研究所 Cold and Arid Regions Environmental and Engineering Research Inst.	302186	193539	567	121172	94830
青海盐湖研究所 Qinghai Inst. of Saline Lakes	52266	36024	63	31195	30812
西北高原生物研究所 Northwest Inst. of Plateau Biology	47265	36247	97	31534	27329
新疆维吾尔自治区 Xinjiang Uygur Autonomous Region	206261	144983	323	114351	102439
新疆理化技术研究所 Xinjiang Technical Inst. of Physics and Chemistry	86405	69208	128	61178	56359
新疆生态与地理研究所 Xinjiang Inst. of Ecology and Geography	119856	75775	195	53173	46080

续表 6-6

其中: 20 世纪 90 年代制造 Of which: Made in the 1990s				其中: 2000 年及以后制造 Of which: Made after 2000			
总额 (千元) Total value (thousand yuan)	100 千元以上 Above 100 (thousand yuan)	其中: 进口 (千元) Of which: Imported (thousand yuan)	100 千元以上 Above 100 (thousand yuan)	总额 (千元) Total value (thousand yuan)	100 千元以上 Above 100 (thousand yuan)	其中: 进口 (千元) Of which: Imported (thousand yuan)	100 千元以上 Above 100 (thousand yuan)
10047	6212	2396	1779	176047	120237	64765	49782
3372	2584	1534	1534	62736	42570	37808	30386
8960	6710	8490	6500	135070	91370	105360	78390
32798	25986	22078	20413	458449	382557	259071	230136
4640	4371	4576	4371	71775	64199	61204	57004
19116	15416	13650	12504	179121	138748	94287	80000
9042	6199	3852	3538	207553	179610	103580	93132
86317	66865	40757	32601	1252982	913870	522964	433693
42131	28696	11227	4096	670354	503607	230353	177614
20704	18500	16924	16799	211064	167955	124734	117408
19293	16541	10378	9483	281671	176358	110608	85347
3078	2199	1294	1294	44507	30633	27308	26925
1111	929	934	929	45386	35317	29961	26399
7913	5526	5003	4369	194594	136914	106197	95527
3271	2541	2833	2426	81289	65668	56738	52934
4642	2985	2170	1943	113305	71246	49459	42593

6-7 科研机构研究与试验发展人员全时当量

Full-time Equivalent of R&D Personnel in Research Institutions

单位：人·年 (man · year)

年 份 Year	研究与试验发展人员全时当量 Total full-time equivalent of R&D personnel (A)	基础研究 Basic research	应用研究 Applied research	试验发展 Experimental development	其中：科学家和工程师 Among which: Scientists and engineers (B)	比 重 % of total (B/A)
1996	30677	10890	16259	3528	25455	83.0
1997	30181	10956	16237	2988	25085	83.1
1998	30611	11295	16591	2725	26585	86.8
1999	28436	10408	15810	2218	24771	87.1
2000	28084	11262	14940	1882	24666	87.8
2001	25199	10584	13154	1461	22541	89.5
2002	27646	11114	15205	1327	23413	84.7
2003	30937	12529	16892	1516	25903	83.7
2004	34898	14521	18901	1476	29457	84.4
2005	37246	15494	20076	1676	31014	83.3
2006	38911	17061	19283	2567	31589	81.2
2007	44307	14653	25205	4449	37026	83.6
2008	45358	15713	25235	4410	37416	82.5
2009	51230	18224	29378	3628		
2010	56015	20203	31829	3983		
2011	61859	20428	33797	4506		

注：R&D 人员折合全时工作量=R&D 课题人员折合全时工作量+管理 R&D 课题的科技管理人员和为 R&D 课题提供直接服务的科技服务人员的折合全时工作量。

Note:The full-time equivalent of R&D personnel is equivalent to the full-time equivalent of R&D project personnel plus that of management and service personnel directly for the R&D projects.

6-8 科研机构研究与试验发展经费支出

Research Institution R&D Expenditure

单位: 亿元 (100 million yuan)

年 份 Year	研究与试验发展经费支出 Total R&D expenditure	基础研究 Basic research	比重% of total	应用研究 Applied research	比重% of total	试验发展 Experimental development	比重% of total	占全国 R&D 经费支出% Percentage of national R&D expenditure
1996	21.9	6.88	31.4	11.11	50.7	3.91	17.9	5.4
1997	24.73	7.62	30.8	13.52	54.7	3.59	14.5	4.9
1998	27.33	8.66	31.7	14.84	54.3	3.83	14	5
1999	31.24	10.62	34	16.81	53.8	3.81	12.2	4.6
2000	40.28	14.82	36.8	21.7	53.9	3.76	9.3	4.5
2001	53.6	21.35	39.8	28.05	52.3	4.2	7.9	5.1
2002	78.08	29.2	37.4	43.33	55.5	5.55	7.1	6.1
2003	82.84	29.99	36.2	46.86	56.6	5.99	7.2	5.4
2004	93.2	33.53	36	53.39	57.3	6.28	6.7	4.7
2005	106.57	36.55	34.3	62.24	58.4	7.78	7.3	4.4
2006	109.87	40.98	37.3	58.12	52.9	10.77	9.8	3.7
2007	125.25	41.42	33.1	71.25	56.9	12.58	10	3.4
2008	153.53	53.27	34.7	85.42	55.6	14.93	9.7	3.3
2009	199.98	71.14	35.6	114.68	57.3	14.16	7.1	3.7
2010	223.61	80.65	36.1	127.06	56.8	15.9	7.1	3.2
2011	273.08	102.97	37.7	149.73	54.8	20.38	7.5	3.2

注：研究与试验发展经费支出包括用于 R&D 活动的科研基建费。

Note: The total R&D expenditure includes the capital construction of scientific research for R&D activities.

6-9 科研机构科技活动课题基本情况

Basic Statistics of S&T Projects in CAS Research Institutions

年 份 Year	课题数 Projects	课题经费支出 (千元) Expenditure by project (thousand yuan)	课题参加人员全时当量(人・年) Full-time equivalent of project participants (man・year)	科学家和工程师 Scientists & engineers
1985	6220	298448	30650	23756
1986	6217	256235	30337	23144
1987	7091	334353	29125	22989
1988	7579	406347	29565	24477
1989	8287	478258	31015	26115
1990	8476	500561	30283	26780
1991	8051	472828	25463	22063
1992	9503	665757	24769	22342
1993	9922	818096	26405	24010
1994	9996	1129106	25374	23149
1995	10139	1169028	23382	21774
1996	9359	1144557	22742	21341
1997	10011	1475554	24437	22945
1998	10738	1626599	24665	23173
1999	10346	1967568	23206	21989
2000	10745	2622420	23202	21832
2001	10370	3084858	22009	20737

续表 6-9

年 份 Year	课题数 Projects	课题经费支出 (千元) Expenditure by project (thousand yuan)	课题参加人员 全时当量(人・年) Full-time equivalent of project participants (man・year)	
				科学家和工程师 Scientists & engineers
2002	10997	3958123	26454	23989
2003	11491	4358637	27101	24709
2004	12026	4968575	30408	28297
2005	12712	5526474	33360	30711
2006	14400	5778352	34753	32247
2007	17699	7473185	40283	38765
2008	19908	9148493	41027	39178
2009	23180	11576790	45694	
2010	25421	14214655	49403	
2011	28724	16997083	54098	

注：1. 课题数包括基础研究、应用研究、试验发展、研究与试验发展成果应用、科技服务和生产性活动课题。

Note: The figures include projects in basic research, applied research, experimental development, application of research and experimental development results, scientific and technical services and productive activities.

2. 课题参加人员全时当量包括参与全部课题的本单位人员及流动人员。

The full-time equivalent of project participants includes those who are from the institute as well as the staff on mobility for the project.

6-10 科研机构科技活动课题综合情况(2011 年)

Statistics of S&T Projects in CAS Research Institutions: 2011

地区及学科 Region and field	课题数 Projects	当年开题 Number of projects started	课题经费支出(千元) Expenditure by project (thousand yuan)	课题参加人员全时当量(人·年) Full-time equivalent of project participants (man·year) 本单位人员 Institution staff	流动人员 Staff on mobility
总 计 Total	**28724**	**10155**	**16997083**	**30409**	**23689**
一、按地区、分院分 By region and branch					
北京分院(筹) Beijing Branch	11583	4169	7389243	11808	11295
沈阳分院 Shenyang Branch	2076	792	1228803	2605	1585
长春分院 Changchun Branch	950	298	1009816	2353	1009
上海分院 Shanghai Branch	4642	1599	3197212	4887	3237
南京分院 Nanjing Branch	1421	424	462661	894	687
合肥地区 Hefei Area	381	132	488762	1037	592
武汉分院 Wuhan Branch	1381	433	506715	951	1293
广州分院 Guangzhou Branch	2268	847	739984	1613	1175
成都分院 Chengdu Branch	734	316	434253	974	583

续表 6-10

地区及学科 Region and field	课题数 Projects		课题经费支出 (千元) Expenditure by project (thousand yuan)	课题参加人员全时当量(人·年) Full-time equivalent of project participants (man·year)	
		当年开题 Number of projects started		本单位人员 Institution staff	流动人员 Staff on mobility
昆明分院 Kunming Branch	1181	366	317864	723	700
西安分院 Xi'an Branch	388	156	393191	667	300
兰州分院 Lanzhou Branch	1266	478	637558	1457	864
新疆分院 Xinjiang Branch	453	145	191021	442	368
二、按学科分 By field					
数学、物理 Mathematics & physics	5049	1741	3337074	6006	4397
化学与化工 Chemistry & chemical engineering	4204	1436	2672313	4634	3922
地学 Earth sciences	6131	2190	2168446	4306	3596
生物学 Biological sciences	6526	2130	2978327	5570	5748
技术科学 Technological sciences	6597	2547	5776384	9715	5822
其他 Others	217	111	64539	177	204

注：流动人员指参与课题研究的在学研究生、在站博士后、客座人员及外聘人员等。

Note: The staff on mobility refers to the post graduates, post doctorate researchers, visiting scholars and invited staff who are participating in project research.

6-11 科研机构科技活动课
Total S&T Projects in CAS Research

地区及学科 Region and field	基础研究课题 Basic research				
	课题数 Projects	课题经费支出(千元) Expenditure by project (thousand yuan)	课题参加人员全时当量(人・年) Full-time equivalent of project participants (man・year)		课题数 Projects
			本单位人员 Institution staff	流动人员 Staff on mobility	
总　计 **Total**	**12726**	**5612942**	**10778**	**10323**	**13982**
一、按地区、分院分 By region and branch					
北京分院(筹) Beijing Branch	4957	2702539	4360	5162	6002
沈阳分院 Shenyang Branch	471	197644	448	315	1510
长春分院 Changchun Branch	234	105627	392	115	558
上海分院 Shanghai Branch	2473	769661	1719	1406	1793
南京分院 Nanjing Branch	445	117268	264	208	874
合肥地区 Hefei Area	188	336422	628	335	164
武汉分院 Wuhan Branch	786	240113	530	835	573
广州分院 Guangzhou Branch	935	282785	654	547	1098
成都分院 Chengdu Branch	306	111570	234	273	291
昆明分院 Kunming Branch	928	236846	543	543	208
西安分院 Xi’an Branch	123	80202	153	116	250
兰州分院 Lanzhou Branch	764	384124	770	394	376
新疆分院 Xinjiang Branch	116	48141	84	74	285

题按活动类型分类(2011 年)

Institutions, by Type of Research: 2011

应用研究课题 Applied research			试验发展课题 Experimental development			
课题经费支出(千元) Expenditure by project (thousand yuan)	课题参加人员全时当量(人·年) Full-time equivalent of project participants (man·year)		课题数 Projects	课题经费支出(千元) Expenditure by project (thousand yuan)	课题参加人员全时当量(人·年) Full-time equivalent of project participants (man·year)	
	本单位人员 Institution staff	流动人员 Staff on mobility			本单位人员 Institution staff	流动人员 Staff on mobility
9286444	**16094**	**11643**	**994**	**1238073**	**2015**	**1049**
4168732	6670	5576	217	263877	337	223
887051	1949	1218	17	35901	52	30
469743	1091	498	142	413439	834	381
2062027	2726	1647	274	232142	270	143
311201	556	404	77	21090	53	61
123462	328	215	5	18152	26	3
232945	367	451	3	1393	2	3
350686	721	531	68	27232	49	30
143038	392	228	70	138952	216	47
69460	146	144	7	848	4	3
221579	376	161	3	3572	3	9
143849	495	348	75	50409	112	66
102671	277	223	36	31066	57	51

地区及学科 Region and field	基础研究课题 Basic research				
	课题数 Projects	课题经费支出(千元) Expenditure by project (thousand yuan)	课题参加人员全时当量(人・年) Full-time equivalent of project participants (man・year)		课题数 Projects
			本单位人员 Institution staff	流动人员 Staff on mobility	
二、按学科分 By field					
数学、物理 Mathematics & physics	2689	1556429	2716	2232	2105
化学与化工 Chemistry & chemical engineering	1257	682379	1329	1421	2555
地学 Earth sciences	3546	1268146	2520	2124	2429
生物学 Biological sciences	4147	1613777	3172	3629	2235
技术科学 Technological sciences	1028	468735	984	864	4500
其他 Others	59	23476	58	52	158

地区及学科 Region and field	研究与试验发展成果应用课题 Application of R&D results				
	课题数 Projects	课题经费支出(千元) Expenditure by project (thousand yuan)	课题参加人员全时当量(人・年) Full-time equivalent of project participants (man・year)		课题数 Projects
			本单位人员 Institution staff	流动人员 Staff on mobility	
总 计 Total	**412**	**370045**	**610**	**275**	**572**
一、按地区、分院分 By region and branch					
北京分院(筹) Beijing Branch	170	102159	160	149	223
沈阳分院 Shenyang Branch	68	105381	141	20	9
长春分院 Changchun Branch	2	366	2		14
上海分院 Shanghai Branch	38	96373	87	17	57
南京分院 Nanjing Branch	4	1303	1	3	21

续表 6-11

应用研究课题 Applied research			试验发展课题 Experimental development			
课题经费支出(千元) Expenditure by project (thousand yuan)	课题参加人员全时当量(人・年) Full-time equivalent of project participants (man・year)		课题数 Projects	课题经费支出(千元) Expenditure by project (thousand yuan)	课题参加人员全时当量(人・年) Full-time equivalent of project participants (man・year)	
	本单位人员 Institution staff	流动人员 Staff on mobility			本单位人员 Institution staff	流动人员 Staff on mobility
1490818	2755	1900	73	82295	130	73
1691481	2884	2227	207	125360	221	141
803703	1613	1363	65	26260	47	36
1324355	2257	1999	40	10208	41	39
3935024	6466	4003	609	993950	1577	761
41063	119	152				

科技服务课题 S&T services			生产性活动课题 Production activities			
课题经费支出(千元) Expenditure by project (thousand yuan)	课题参加人员全时当量(人・年) Full-time equivalent of project participants (man・year)		课题数 Projects	课题经费支出(千元) Expenditure by project (thousand yuan)	课题参加人员全时当量(人・年) Full-time equivalent of project participants (man・year)	
	本单位人员 Institution staff	流动人员 Staff on mobility			本单位人员 Institution staff	流动人员 Staff on mobility
382022	**812**	**375**	**38**	**107557**	**101**	**23**
132292	240	170	14	19644	41	16
2522	13	2	1	304	1	
20641	34	15				
23652	61	23	7	13357	24	1
11799	21	12				

地区及学科 Region and field	研究与试验发展成果应用课题 Application of R&D results				
	课题数 Projects	课题经费支出(千元) Expenditure by project (thousand yuan)	课题参加人员全时当量(人·年) Full-time equivalent of project participants (man·year)		课题数 Projects
			本单位人员 Institution staff	流动人员 Staff on mobility	
合肥地区 Hefei Area	2	177	1	1	21
武汉分院 Wuhan Branch	5	4995	12	1	14
广州分院 Guangzhou Branch	20	5125	21	5	143
成都分院 Chengdu Branch	53	37245	119	16	14
昆明分院 Kunming Branch	7	617	3		27
西安分院 Xi'an Branch	5	4061	8	7	6
兰州分院 Lanzhou Branch	29	5327	41	37	16
新疆分院 Xinjiang Branch	9	6916	14	19	7
二、按学科分 By field					
数学、物理 Mathematics & physics	58	56872	96	63	108
化学与化工 Chemistry & chemical engineering	84	97911	90	60	96
地学 Earth sciences	17	4053	15	9	73
生物学 Biological sciences	40	11458	40	42	61
技术科学 Technological sciences	213	199751	369	101	234
其他 Others					

续表 6-11

科技服务课题 S&T services			生产性活动课题 Production activities			
课题经费支出(千元) Expenditure by project (thousand yuan)	课题参加人员全时当量(人・年) Full-time equivalent of project participants (man・year)		课题数 Projects	课题经费支出(千元) Expenditure by project (thousand yuan)	课题参加人员全时当量(人・年) Full-time equivalent of project participants (man・year)	
	本单位人员 Institution staff	流动人员 Staff on mobility			本单位人员 Institution staff	流动人员 Staff on mobility
10182	51	39	1	367	3	
27269	39	2				
74009	165	61	4	147	3	
3448	14	19				
5996	21	8	4	4097	6	2
19655	115	6	1	64122	12	1
48330	28	16	6	5519	10	3
2227	11	2				
129863	282	112	16	20797	29	18
69915	102	72	5	5267	9	1
66207	111	64	1	77		1
14509	56	39	3	4020	6	1
101528	261	90	13	77396	58	3

6-12 科研机构科技活动课题
Total S&T Projects in CAS Research

地区及学科 Region and field	国 家 State				
	课题数 Projects	课题经费支出(千元) Expenditure by project (thousand yuan)	课题参加人员全时当量(人·年) Full-time equivalent of project participants (man·year) 本单位人员 Institution staff	流动人员 Staff on mobility	课题数 Projects
总 计 Total	**13712**	**9180106**	**15231**	**13105**	**5638**
一、按地区、分院分 By region and branch					
北京分院(筹) Beijing Branch	6363	4353182	6657	7052	2169
沈阳分院 Shenyang Branch	1093	665532	1245	924	393
长春分院 Changchun Branch	508	649072	1555	610	156
上海分院 Shanghai Branch	2010	1549504	2211	1710	775
南京分院 Nanjing Branch	629	205764	334	315	315
合肥地区 Hefei Area	202	193781	396	312	115
武汉分院 Wuhan Branch	573	223398	391	625	240
广州分院 Guangzhou Branch	800	285617	560	463	353
成都分院 Chengdu Branch	286	306318	540	229	166
昆明分院 Kunming Branch	443	147987	312	301	342
西安分院 Xi'an Branch	212	269780	399	137	103
兰州分院 Lanzhou Branch	482	267449	525	333	355
新疆分院 Xinjiang Branch	111	62722	106	94	156

按主要任务来源分类(2011 年)

Institutions, by Source of Project: 2011

中国科学院 CAS			地 方 Locality			
课题经费支出(千元) Expenditure by project (thousand yuan)	课题参加人员全时当量(人·年) Full-time equivalent of project participants (man·year)		课题数 Projects	课题经费支出(千元) Expenditure by project (thousand yuan)	课题参加人员全时当量(人·年) Full-time equivalent of project participants (man·year)	
	本单位人员 Institution staff	流动人员 Staff on mobility			本单位人员 Institution staff	流动人员 Staff on mobility
3972323	**6643**	**4831**	**3121**	**712098**	**2238**	**1643**
1672177	2457	2082	423	113091	280	275
251763	512	269	151	28285	157	67
214250	383	153	146	45419	189	105
794187	1051	653	822	164137	600	371
142561	253	156	180	33634	98	80
199317	402	175	20	13001	39	24
99120	216	223	272	80078	140	176
173027	281	165	604	143260	399	256
60564	157	180	62	17741	44	59
101182	227	227	214	28472	99	86
45654	108	72	7	1111	6	10
160382	442	325	103	12023	94	57
58139	155	151	117	31846	93	77

地区及学科 Region and field	国　家　State				
	课题数 Projects	课题经费支出(千元) Expenditure by project (thousand yuan)	课题参加人员全时当量(人・年) Full-time equivalent of project participants (man・year)		课题数 Projects
			本单位人员 Institution staff	流动人员 Staff on mobility	
二、按学科分 By field					
数学、物理 Mathematics & physics	2527	1494805	2630	2301	1200
化学与化工 Chemistry & chemical engineering	1956	1139494	2133	2057	703
地学 Earth sciences	2903	1080917	2097	1989	1306
生物学 Biological sciences	3047	1526356	2625	3111	1342
技术科学 Technological sciences	3195	3919814	5668	3557	1020
其他 Others	84	18720	78	89	67

地区及学科 Region and field	企业委托　Entrusted by enterprises				
	课题数 Projects	课题经费支出(千元) Expenditure by project (thousand yuan)	课题参加人员全时当量(人・年) Full-time equivalent of project participants (man・year)		课题数 Projects
			本单位人员 Institution staff	流动人员 Staff on mobility	
总　计 Total	**2678**	**1220943**	**2701**	**1597**	**2498**
一、按地区、分院分 By region and branch					
北京分院(筹) Beijing Branch	1315	533799	1091	833	875
沈阳分院 Shenyang Branch	274	223608	480	224	88
长春分院 Changchun Branch	32	6473	39	14	95
上海分院 Shanghai Branch	301	139845	358	114	561
南京分院 Nanjing Branch	77	11643	38	37	189

续表 6-12

中国科学院 CAS			地 方 Locality			
课题经费支出(千元) Expenditure by project (thousand yuan)	课题参加人员全时当量(人・年) Full-time equivalent of project participants (man・year)		课题数 Projects	课题经费支出(千元) Expenditure by project (thousand yuan)	课题参加人员全时当量(人・年) Full-time equivalent of project participants (man・year)	
	本单位人员 Institution staff	流动人员 Staff on mobility			本单位人员 Institution staff	流动人员 Staff on mobility
1125735	1824	1033	375	126768	291	226
645014	934	848	423	103735	370	221
561781	1057	841	752	120642	386	304
809331	1394	1285	719	135507	506	422
802570	1374	759	810	214480	658	436
27892	61	64	42	10966	26	34

研究所自选 Institute self-selection			国际合作 International cooperation			
课题经费支出(千元) Expenditure by project (thousand yuan)	课题参加人员全时当量(人・年) Full-time equivalent of project participants (man・year)		课题数 Projects	课题经费支出(千元) Expenditure by project (thousand yuan)	课题参加人员全时当量(人・年) Full-time equivalent of project participants (man・year)	
	本单位人员 Institution staff	流动人员 Staff on mobility			本单位人员 Institution staff	流动人员 Staff on mobility
1424827	**2568**	**1877**	**464**	**258310**	**423**	**350**
510118	960	763	191	129355	149	177
36154	124	57	37	22088	74	31
85133	160	117	6	5353	15	5
472403	534	335	94	41710	72	42
61699	150	88	19	5295	8	12

地区及学科 Region and field	企业委托 Entrusted by enterprises				
	课题数 Projects	课题经费支出 (千元) Expenditure by project (thousand yuan)	课题参加人员全时当量(人・年) Full-time equivalent of project participants (man・year)		课题数 Projects
			本单位人员 Institution staff	流动人员 Staff on mobility	
合肥地区 Hefei Area	16	12417	33	32	16
武汉分院 Wuhan Branch	91	55934	101	53	122
广州分院 Guangzhou Branch	259	89363	191	116	214
成都分院 Chengdu Branch	118	29807	154	50	84
昆明分院 Kunming Branch	65	11329	31	32	51
西安分院 Xi'an Branch	13	8853	18	0	20
兰州分院 Lanzhou Branch	102	93307	150	81	143
新疆分院 Xinjiang Branch	15	4565	16	12	40
二、按学科分 By field					
数学、物理 Mathematics & physics	315	222406	410	236	468
化学与化工 Chemistry & chemical engineering	622	325466	592	389	352
地学 Earth sciences	333	117471	190	158	530
生物学 Biological sciences	444	130219	372	305	704
技术科学 Technological sciences	959	423928	1134	510	438
其他 Others	5	1453	3		6

续表 6-12

研究所自选 Institute self-selection			国际合作 International cooperation			
课题经费支出(千元) Expenditure by project (thousand yuan)	课题参加人员全时当量(人・年) Full-time equivalent of project participants (man・year)		课题数 Projects	课题经费支出(千元) Expenditure by project (thousand yuan)	课题参加人员全时当量(人・年) Full-time equivalent of project participants (man・year)	
	本单位人员 Institution staff	流动人员 Staff on mobility			本单位人员 Institution staff	流动人员 Staff on mobility
18074	49	39	2	1278	6	4
30929	66	147	30	11061	18	22
35182	158	165	18	4265	10	7
12973	53	52	11	5143	7	6
14315	23	19	37	9489	23	20
45562	63	39				
91338	191	43	8	2300	11	7
10947	37	14	11	20973	31	19
245611	598	500	36	24023	22	19
378758	465	311	68	56877	79	52
200723	409	182	98	54400	80	63
306508	505	440	192	60680	134	130
292186	587	436	62	58800	105	76
1041	5	8	8	3530	2	9

6-13 科研机构科技活动课题按技术领域分类(2011年)

Total S&T Projects in CAS Research Institutions, by Field of Technology: 2011

技术领域 Field of Technology	课题数 Projects	课题经费支出 (千元) Expenditure by project (thousand yuan)	课题参加人员全时当量(人·年) Full-time equivalent of project participants (man·year)	
			本单位人员 Institution staff	流动人员 Staff on mobility
合 计 Total	**19782**	**12015586**	**21373**	**18361**
信息技术 Information technology	2950	2339085	4132	3553
生物和现代农业技术 Biotechnology & modern agricultural technology	5216	2422245	3917	4282
新材料技术 New materials technology	2207	1297533	2434	1773
能源技术 Energy technology	1113	679291	1440	1071
激光技术 Laser technology	326	382604	630	398
先进制造与自动化技术 Advanced manufacturing & automation technology	638	568895	1235	585
航天技术 Space technology	554	1005600	1366	719
资源与环境技术 Resources & environmental technology	4763	1975521	3498	4271
其他技术领域 Other technologies	2015	1344812	2720	1709

6-14 科研机构科技著作

S&T Works Published by CAS Research Institutions

年 份 Year	科技专著 S&T works		译成外文 Those translated into foreign languages		用作大专院校教科书 Those used as text books for universities and colleges		科普著作 Popular science books	
	万字 Ten thousand Chinese characters	种 Title	万字 Ten thousand Chinese characters	种 Title	万字 Ten thousand Chinese characters	种 Title	万字 Ten thousand Chinese characters	种 Title
1985	4323		288		293		601	
1986	4529		413		410		474	
1987	5625	195	717	21	945	33	587	37
1988	8191	455	667	38	854	36	818	35
1989	7798	297	356	18	432	22	984	37
1990	11477	345	285	20	769	27	931	47
1991	9221	319	625	19	900	23	1105	41
1992	8316	245	463	18	383	11	357	12
1993	9792	292	1294	38	125	6	405	16
1994	13978	334	1398	29	248	9	1005	42
1995	11922	337	741	23	241	8	518	25
1996	11044	297	1430	36	109	5	481	24
1997	9541	296	621	19	179	5	990	36
1998	12712	347	804	25	539	14	861	36
1999	14474	371	1866	32	337	12	1114	55
2000	17327	429	1304	42	172	10	2979	103
2001	14650	348	648	31	418	17	2628	97
2002	15319	534	1289	37	1046	20	1102	83
2003	13467	401	1143	31	1303	21	1321	55
2004	15486	330	854	31	607	12	1622	68
2005	12228	330	884	35	414	15	800	60
2006	12178	323	758	24	508	13	1339	40
2007	10723	273	988	30	445	9	926	43
2008	12848	330	866	45	243	5	1001	48
2009	12887	329	1032	50	874	55	1343	48
2010	14248	288	810	35	155	3	419	20
2011	14862	358	931	56	293	5	614	31

6-15 科研机构科技著作(2011 年)
S&T Works Published by CAS Research Institutions: 2011

地区及学科 Region and field	科技专著 S&T works		译成外文 Those translated into foreign languages		用作大专院校教科书 Those used as text books for universities and colleges		科普著作 Popular science books	
	万字 Ten thousand Chinese characters	种 Title	万字 Ten thousand Chinese characters	种 Title	万字 Ten thousand Chinese characters	种 Title	万字 Ten thousand Chinese characters	种 Title
总 计 Total	**14862**	**358**	**931**	**56**	**293**	**5**	**614**	**31**
一、按地区、分院分 By region and branch								
北京分院(筹) Beijing Branch	9144	200	492	16	213	4	355	19
沈阳分院 Shenyang Branch	747	19						
长春分院 Changchun Branch	568	24	12	8				
上海分院 Shanghai Branch	707	20	108	10			164	5
南京分院 Nanjing Branch	907	12	18	1			21	2
合肥地区 Hefei Area								
武汉分院 Wuhan Branch	569	18	25	2				
广州分院 Guangzhou Branch	404	23	95	8			22	1
成都分院 Chengdu Branch	280	8	2	1	80	1		

续表 6-15

地区及学科 Region and field	科技专著 S&T works		译成外文 Those translated into foreign languages		用作大专院校教科书 Those used as text books for universities and colleges		科普著作 Popular science books	
	万字 Ten thousand Chinese characters	种 Title	万字 Ten thousand Chinese characters	种 Title	万字 Ten thousand Chinese characters	种 Title	万字 Ten thousand Chinese characters	种 Title
昆明分院 Kunming Branch	356	9	55	3			17	1
西安分院 Xi'an Branch	24	1						
兰州分院 Lanzhou Branch	986	19	124	7			5	1
新疆分院 Xinjiang Branch	170	5					30	2
二、按学科分 By field								
数学、物理 Mathematics & physics	2226	42	230	9	42	1	220	5
化学与化工 Chemistry & chemical engineering	817	46	44	14			123	4
地学 Earth sciences	4431	107	257	9			130	7
生物学 Biological sciences	4807	83	147	8	128	1	72	9
技术科学 Technological sciences	1730	59	253	16	123	3	52	3
其他 Others	851	21					17	3

6-16 学校及公共支撑机构科技活动课题综合情况(2011 年)

Statistics of S&T Projects in Universities and CAS Supporting Institutions: 2011

单 位 Unit	课题数合计 Total projects	当年开题 Number of projects started	课题经费支出(千元) Expenditure by project (thousand yuan)	课题参加人员全时当量(人·年) Full-time equivalent of project participants (man·year)	
				本单位人员 Institution staff	流动人员 Staff on mobility
总 计 Total	**2174**	**1066**	**715928**	**1860**	**656**
中国科学技术大学 University of Science and Technology of China	1504	780	355590	1247	439
中国科学院研究生院 Graduate University of Chinese Academy of Sciences	332	128	73451	202	103
计算机网络信息中心 Computer Network Information Center	143	72	251935	211	88

续表 6-16

单　位 Unit	课题数合计 Total projects	当年开题 Number of projects started	课题经费支出(千元) Expenditure by project (thousand yuan)	课题参加人员全时当量(人・年) Full-time equivalent of project participants (man・year) 本单位人员 Institution staff	 流动人员 Staff on mobility
国家科学图书馆(筹) National Science Library	84	28	23467	100	18
国家科学图书馆武汉分馆(筹) The Wuhan Branch of the National Science Library	45	32	5073	32	1
国家科学图书馆成都分馆(筹) The Chengdu Branch of the National Science Library	15	5	3651	29	6
国家科学图书馆兰州分馆(筹) The Lanzhou Branch of the National Science Library	51	21	2761	40	1

6-17 国家重点实验

Basic Statistics of Staff in the

单位：人

国家重点实验室名称 Names of the state key laboratories	固定研究人员 Permanent researchers	高 级 Senior
总 计 **Total**	**7008**	**4403**
数学、物理 Mathematics & physics		
中国科学技术大学合肥微尺度物质科学国家实验室(筹) Hefei National Laboratory For Physical Sciences At the Microscale, University of Science and Technology of China	187	146
中国科学院物理研究所北京凝聚态物理国家实验室(筹) Beijing National Laboratory For Condensed Matter Physics, Institute of Physics, CAS	382	237
中国科学院武汉物理与数学研究所波谱与原子分子物理国家重点实验室 State Key Laboratory of Magnetic Resonance and Atomic and Molecular Physics and Mathematics, Wuhan Institute of Physics, CAS	70	58
中国科学院声学研究所声场与声信息国家重点实验室 State Key Laboratory of Acoustics, Speech and Signal Processing, Institute of Acoustics, CAS	73	56
中国科学院力学研究所非线性力学国家重点实验室 State Key Laboratory of Nonlinear Mechanics, Institute of Mechanics, CAS	49	34
中国科学院数学与系统科学研究院科学与工程计算国家重点实验室 State Key Laboratory of Scientific and Engineering Computing, Academy of Mathmatics and System Science, CAS	42	24
中国科学院半导体研究所半导体超晶格国家重点实验室 State Key Laboratory of Superlattices and Microstructures, Institute of Semiconductors, CAS	36	22
中国科学院上海光学精密机械研究所强场激光物理国家重点实验室 State Key Laboratory of High Field Laser Physics, Shanghai Institute of Optics and Fine Mechanics, CAS	54	34
中国科学院理论物理研究所理论物理国家重点实验室（筹） State Key Laboratory of Theoretical Physics, Institute of Theoretical Physics, CAS	42	33
中国科学院高能物理研究所、中国科学技术大学核探测与核电子学国家重点实验室 State Key Laboratory of Particle Detection and Electronics, Institute of High Energy Physics, CAS and University of Science and Technology of China	114	73
中国科学院力学研究所高温气体动力学国家重点实验室（筹） State Key Laboratory of High-temperature Gas Dynamics, Institute of Mechanics, CAS	88	48

室人员情况(2011 年)

State Key Laboratories: 2011

(person)

客座研究人员 Guest researchers			人才培养 Talent training		
	国 外 Overseas	国内高级 Senior	博士后 Postdoctors	博 士 Candidates for doctor's degree	硕 士 Candidates for master's degree
2888	**683**	**1387**	**1198**	**8188**	**6447**
35	21	14	30	202	224
14	7	14	28	453	248
103	4	76	17	51	119
72	1	21	10	40	52
8	4	4	3	43	55
19	5	14	6	60	4
11	3	5	4	68	25
30	3	21	4	47	34
173	96	54	15	81	40
27			15	111	110
21	15	6	3	23	46

国家重点实验室名称 Names of the state key laboratories	固定研究人员 Permanent researchers	高 级 Senior
化　学 Chemistry		
中国科学院化学研究所北京分子科学国家实验室(筹) Beijing National Laboratory For Molecular Sciences,Institute of Chemistry, CAS	289	261
中国科学院大连化学物理研究所催化基础国家重点实验室 State Key Laboratory of Catalysis, Dalian Institute of Chemical Physics, CAS	78	57
中国科学院大连化学物理研究所、化学研究所分子反应动力学国家重点实验室 State Key Laboratory of Molecular Reaction Dynamics, Dalian Institute of Chemical Physics and Institute of Chemistry, CAS	68	38
中国科学院上海有机化学研究所生命有机化学国家重点实验室 State Key Laboratory of Bio - Organic and Natural Products Chemistry, Shanghai Institute of Organic Chemistry, CAS	65	23
中国科学院福建物质结构研究所结构化学国家重点实验室 State Key Laboratory of Structural Chemistry, Fujian Institute of Research on the Structure of Matter, CAS	56	54
中国科学院兰州化学物理研究所羰基合成和选择氧化国家重点实验室 State Key Laboratory of Oxo Synthesis and Selective Oxidation, Lanzhou Institute of Chemical Physics, CAS	57	36
中国科学院山西煤炭化学研究所煤转化国家重点实验室 State Key Laboratory of Coal Conversion, Shanxi Institute of Coal Chemistry, CAS	42	42
中国科学院化学研究所、长春应用化学研究所高分子物理与化学国家重点实验室 State Key Laboratory of Polymer Physics and Chemistry, Institute of Chemistry and Changchun Institute of Applied Chemistry, CAS	45	41
中国科学院上海有机化学研究所金属有机化学国家重点实验室 State Key Laboratory of Organometallic Chemistry, Shanghai Institute of Organic Chemistry, CAS	64	28
中国科学院长春应用化学研究所电分析化学国家重点实验室 State Key Laboratory of Electroanalytical Chemistry, Changchun Institute of Applied Chemistry, CAS	54	38
中国科学院长春应用化学研究所稀土资源利用国家重点实验室 State Key Laboratory of Rare Earth Resource Utilization,Changchun Institute of Applied Chemistry,CAS	89	39
中国科学院过程工程研究所多相复杂系统国家重点实验室 State Key Laboratory of Multiphase Complex Systems, Institute of Process Engineering, CAS	83	61
资源、环境 Resources & environment		
中国科学院大气物理研究所大气科学及地球流体力学数值模拟国家重点实验室 State Key Laboratory of Numerical Modeling for Atmospheric Sciences and Geophysical Fluid Dynamics, Institute of Atmospheric Physics, CAS	78	42

续表 6-17

客座研究人员 Guest researchers	国 外 Overseas	国内高级 Senior	人才培养 Talent training 博士后 Postdoctors	博 士 Candidates for doctor's degree	硕 士 Candidates for master's degree
105	7	92	71	648	283
18	10	8	18	90	19
28	5	7	10	52	43
1	1		7	51	43
44		34	9	104	124
32		19	2	48	49
71	2	36	3	115	87
31		31	19	128	89
24	2	22	1	52	49
36	15	21	30	133	64
15	10	4	33	77	60
39	6	27	16	89	96
33	8	16	7	73	44

国家重点实验室名称 Names of the state key laboratories	固定研究人员 Permanent researchers	高 级 Senior
中国科学院广州地球化学研究所有机地球化学国家重点实验室 State Key Laboratory of Organic Geochemistry, Guangzhou Institute of Geochemistry, CAS	59	53
中国科学院地理科学与资源研究所资源与环境信息系统国家重点实验室 State Key Laboratory of Resources and Environmental Information System, Institute of Geographic Sciences and Natural Resources Research, CAS	106	56
中国科学院寒区旱区环境与工程研究所冻土工程国家重点实验室 State Key Laboratory of Frozen Soil Engineering, Cold and Arid Regions Environmental and Engineering Research Institute, CAS	54	33
中国科学院地球环境研究所黄土与第四纪地质国家重点实验室 State Key Laboratory of Loess and Quaternary Geology, Institute of Earth Environment, CAS	46	28
中国科学院大气物理研究所大气边界层物理和大气化学国家重点实验室 State Key Laboratory of Atmospheric Boundary Layer Physics and Atmospheric Chemistry, Institute of Atmospheric Physics, CAS	63	34
环境模拟与污染控制国家重点实验室(清华大学、中国科学院生态环境研究中心、北京大学等) State Key Laboratory of Environmental Aquatic Chemistry (Tsinghua University, Research Center for Eco-Environmental Sciences, CAS, and Peking University)	60	34
中国科学院地球化学研究所环境地球化学国家重点实验室 State Key Laboratory of Environmental Geochemistry, Institute of Geochemistry, CAS	86	59
黄土高原土壤侵蚀与旱地农业国家重点实验室(水土保持与生态环境研究中心) State Key Laboratory of Soil Erosion and Dryland Farming on Loess Plateau(Inst. of Soil and Water Conservation and Eco-Environmental Sciences)	61	40
中国科学院南京地质古生物研究所现代古生物学和地层学国家重点实验室 State Key Laboratory of Palaeobiology and Stratigraphy, Nanjing Institute of Geology and Palaeontology, CAS	38	35
遥感科学国家重点实验室(中国科学院遥感应用研究所、北京师范大学) State Key Laboratory of Remote Sensing Science (Institute of Remote Sensing Applications, CAS and Beijing Normal University)	74	56
中国科学院南京土壤研究所土壤与农业可持续发展国家重点实验室 State Key Laboratory of Soil and Sustainable Agriculture,Institute of Soil Science, CAS	70	54
中国科学院地质与地球物理研究所岩石圈演化国家重点实验室 State Key Laboratory of Lithospheric Evolution,Institute of Geology and Geophysics, CAS	45	44
中国科学院生态环境研究中心环境化学与生态毒理学国家重点实验室 State Key Laboratory of Environmental Chemistry and Ecotoxicology, Research Center for Eco-Environmental Sciences, CAS	67	40
中国科学院空间科学与应用研究中心空间天气国家重点实验室 State Key Laboratory of Space Weather,Center for Space Science and Applied Research, CAS	61	38

续表 6-17

客座研究人员 Guest researchers			人才培养 Talent training		
	国 外 Overseas	国内高级 Senior	博士后 Postdoctors	博 士 Candidates for doctor's degree	硕 士 Candidates for master's degree
24		10	20	119	80
2	1	1	28	82	59
55	7	23	19	43	21
87	37	50	9	43	50
1	1		5	48	24
7	4	3	23	98	49
18	3	15	15	65	54
64	10	29	4	84	164
235	97	120	8	23	34
75	8	20	30	161	173
86		52	13	86	85
16	14	2	44	83	39
15		2	12	90	60
28	9	19	4	30	31

国家重点实验室名称 Names of the state key laboratories	固定研究人员 Permanent researchers	高 级 Senior
中国科学院地球化学研究所矿床地球化学国家重点实验室 State Key Laboratory of Ore Deposit Geochemistry, Institute of Geochemistry, CAS	74	45
中国科学院南京地理与湖泊研究所湖泊与环境国家重点实验室 State Key Laboratory of Lake Science and Environments, Nanjing Institute of Geography and Limnology, CAS	64	51
中国科学院寒区旱区环境与工程研究所冰冻圈科学国家重点实验室 State Key Laboratory of Cryospheric Sciences, Cold and Arid Regions Environment and Engineering Research Institute, CAS	76	44
中国科学院生态环境研究中心城市与区域生态国家重点实验室 State Key Laboratory of Urban and Regional Ecology, Research Center for Eco-Environmental Sciences, CAS	70	40
中国科学院植物研究所植被与环境变化国家重点实验室 State Key Laboratory of Vegetation and Environmental Change, Institute of Botany, CAS	150	62
中国科学院广州地球化学研究所同位素地球化学国家重点实验室（筹） State Key Laboratory of Isotope Geochemistry, Guangzhou Institute of Geochemistry, CAS	52	41
中国科学院测量与地球物理研究所大地测量与地球动力学国家重点实验室（筹） State Key Laboratory of Geodesy and Earth's Dynamics, Institute of Geodesy and Geophysics, CAS	60	52
中国科学院新疆生态与地理研究所荒漠与绿洲生态国家重点实验室（筹） State Key Laboratory of Desert and Oasis Ecology, Xinjiang Institute of Ecology and Geography, CAS	63	56
中国科学院南海海洋研究所热带海洋环境国家重点实验室（筹） State Key Laboratory of Tropical Oceanography, South China Sea Institute of Oceanology, CAS	83	51
中国科学院沈阳应用生态研究所森林与土壤生态国家重点实验室（筹） State Key Laboratory of Forest and Soil Ecology, Institute of Applied Ecology, CAS	31	29
生物学 Biological sciences		
中国科学院动物研究所农业虫害鼠害综合治理国家重点实验室 State Key Laboratory of Integrated Management of Pest Insects and Rodents, Institute of Zoology, CAS	65	49
中国科学院生物物理研究所生物大分子国家重点实验室 State Key Laboratory of Biomacromolecules, Institute of Biophysics, CAS	117	51
中国科学院上海生命科学研究院分子生物学国家重点实验室 State Key Laboratory of Molecular Biology, Shanghai Institutes for Biological Sciences, CAS	110	48

续表 6-17

客座研究人员 Guest researchers			人才培养 Talent training		
	国外 Overseas	国内高级 Senior	博士后 Postdoctors	博士 Candidates for doctor's degree	硕士 Candidates for master's degree
39	9	23	6	49	49
24	3	8	17	85	72
38	14	24	8	42	19
50	7	5	27	107	59
9	9		17	60	85
			7	39	45
25	11	14		48	44
7	7		16	70	104
44	24	4	4	63	44
41		20	9	47	50
38	3	9	15	56	52
			17	127	125
			22	114	28

国家重点实验室名称 Names of the state key laboratories	固定研究人员 Permanent researchers	高 级 Senior
中国科学院上海生命科学研究院植物分子遗传国家重点实验室 State Key Laboratory of Plant Molecular Genetics, Shanghai Institutes for Biological Sciences, CAS	120	42
中国科学院水生生物研究所淡水生态与生物技术国家重点实验室 State Key Laboratory of Freshwater Ecology and Biotechnology, Institute of Hydrobiology, CAS	36	34
生物膜与膜生物工程国家重点实验室(中国科学院动物研究所、清华大学、北京大学) State Key Laboratory of Biomembranes and Membrane Biotechnology (Institute of Zoology, CAS, Tsinghua University and Peking University)	40	25
中国科学院动物研究所计划生育生殖生物学国家重点实验室 State Key Laboratory of Reproductive Biology, Institute of Zoology, CAS	59	27
中国科学院微生物研究所微生物资源前期开发国家重点实验室 State Key Laboratory of Microbial Resources, Institute of Microbiology, CAS	68	35
中国科学院上海药物研究所新药研究国家重点实验室 State Key Laboratory of Drug Research, Shanghai Institute of Materia Media, CAS	75	58
中国科学院遗传与发育生物研究所植物细胞与染色体工程国家重点实验室 State Key Laboratory of Plant Cell and Chromosome Engineering, Institute of Genetics and Developmental Biology, CAS	70	30
中国科学院过程工程研究所生化工程国家重点实验室 State Key Laboratory of Biochemical Engineering, Institute of Process Engineering, CAS	57	46
中国科学院昆明植物研究所植物化学与西部植物资源持续利用国家重点实验室 State Key Laboratory of Phytochemistry and Plant Resources in west China, Kunming Institute of Botany, CAS	69	50
中国科学院遗传与发育生物学研究所、微生物研究所植物基因组学国家重点实验室 State Key Laboratory of Plant Genomics, Institute of Genetics and Developmental Biology and Institute of Microbiology, CAS	104	43
中国科学院植物研究所系统进化植物学国家重点实验室 State Key Laboratory of Systematic and Evolutionary Botany, Institute of Botany, CAS	82	44
中国科学院生物物理研究所脑与认知科学国家重点实验室 State Key Laboratory of Brain and Cognitive Science, Institute of Biophysics, CAS	81	52
病毒学国家重点实验室(武汉大学、中国科学院武汉病毒研究所) State Key Laboratory of Virology (Wuhan University and Wuhan Institute of Virology, CAS)	58	54
中国科学院上海生命科学研究院神经科学国家重点实验室 State Key Laboratory of Neuroscience, Shanghai Institutes for Biological Sciences, CAS	95	25

续表 6-17

客座研究人员 Guest researchers			人才培养 Talent training		
	国 外 Overseas	国内高级 Senior	博士后 Postdoctors	博 士 Candidates for doctor's degree	硕 士 Candidates for master's degree
17	5	9	17	145	63
72		35	30	136	135
1	1		27	48	48
13		13	29	84	17
22		15	9	82	35
15		6	23	36	106
32		5	19	79	30
57	9	43	2	76	78
10	2	2	2	65	80
41	2		36	179	31
31	4	2	4	58	71
6	2	4	12	60	47
11	11		12	183	181
12	10	2	16	90	26

国家重点实验室名称 Names of the state key laboratories	固定研究人员 Permanent researchers	高 级 Senior
中国科学院昆明动物研究所遗传资源与进化国家重点实验室 State Key Laboratory of Genetic Resources and Evolution, Kunming Institute of Zoology, CAS	92	28
中国科学院上海生命科学研究院细胞生物学国家重点实验室（筹） State Key Laboratory of Cell Biology, Shanghai Institutes for Biological Sciences, CAS	117	38
中国科学院遗传与发育生物学研究所分子发育生物学国家重点实验室（筹） State Key Laboratory of Molecular Developmental Biology, Institute of Genetics and Developmental Biology, CAS	88	42
中国科学院微生物研究所真菌学国家重点实验室（筹） State Key Laboratory of Mycology, Institute of Microbiology, CAS	74	30
技术科学 Technological sciences		
中国科学院金属研究所沈阳材料科学国家(联合)实验室 Shenyang National Laboratory For Materials Science, Institute of Metals Research, CAS	180	114
中国科学院上海技术物理研究所红外物理国家重点实验室 State Key Laboratory of Infrared Physics, Shanghai Institute of Technical Physics, CAS	49	40
传感技术联合国家重点实验室(中国科学院上海微系统与信息技术研究所、电子学研究所等) State Key Laboratory of Transducer Technology (Shanghai Institute of Microsystem and Information Technology and Institute of Electronics, CAS)	93	80
中国科学院长春光学精密机械与物理研究所应用光学国家重点实验室 State Key Laboratory of Applied Optics, Changchun Institute of Optics，Fine Mechanics and Physics, CAS	106	62
中国科学院自动化研究所模式识别国家重点实验室 State Key Laboratory of Pattern Recognition, Institute of Automation, CAS	70	36
中国科学院软件研究所、研究生院信息安全国家重点实验室 State Key Laboratory of Information Security, Institute of Software, CAS and Graduate School of the Chinese Academy of Sciences	102	48
集成光电子学国家重点实验室(清华大学、吉林大学、中国科学院半导体研究所) State Key Laboratory of Integrated Photoelectronics (Tsinghua University, Jilin University and Institute of Semiconductors, CAS)	23	23
中国科学院西安光学精密机械研究所瞬态光学与光子技术国家重点实验室 State Key Laboratory of Transient Optics and Technology, Xi’an Institute of Optics and Precision Mechanics, CAS	55	45
中国科学院光电技术研究所微细加工光学技术国家重点实验室 State Key Laboratory of Optical Technologies on Microfabrication, Institute of Optics and Electronics, CAS	63	26

续表 6-17

客座研究人员 Guest researchers			人才培养 Talent training		
	国 外 Overseas	国内高级 Senior	博士后 Postdoctors	博 士 Candidates for doctor's degree	硕 士 Candidates for master's degree
33	3	14	6	64	69
2		2	16	131	34
10		1	21	134	39
55	7	4	11	50	43
36	31	4	15	206	159
25	10	15	8	73	22
24	8	15		114	163
4		4	2	85	97
27	5	32	14	151	79
23	1	16	10	103	131
10	1	6	10	63	54
45		12	10	40	82
22	4	16		67	64

国家重点实验室名称 Names of the state key laboratories	固定研究人员 Permanent researchers	
		高 级 Senior
中国科学院上海微系统与信息技术研究所信息功能材料国家重点实验室 State Key Laboratory of Functional Materials for Informatics, Shanghai Institute of Microsystem and Information Technology, CAS	64	38
中国科学技术大学火灾科学国家重点实验室 State Key Laboratory of Fire Science, University of Science and Technology of China	53	39
中国科学院兰州化学物理研究所固体润滑国家重点实验室 State Key Laboratory of Solid Lubrication, Lanzhou Institute of Chemical Physics, CAS	86	51
中国科学院上海硅酸盐研究所高性能陶瓷和超微结构国家重点实验室 State Key Laboratory of High Performance Ceramics and Superfine Microstructure, Shanghai Institute of Ceramics, CAS	56	48
中国科学院金属研究所金属腐蚀与防护国家重点实验室 State Key Laboratory of Metal Corrosion and Protection, Institute of Metals Research, CAS	76	55
中国科学院软件研究所计算机科学国家重点实验室 State Key Laboratory of Computer Science, Institute of Software, CAS	44	31
中国科学院沈阳自动化研究所机器人学国家重点实验室 State Key Laboratory of Robotics, Shenyang Institute of Automation, CAS	85	50
中国科学院武汉岩土力学研究所岩土力学与工程国家重点实验室 State Key Laboratory of Geomechanics and Geotechnical Engineering, Institute of Rock and Soil Mechanics, CAS	72	49
中国科学院自动化研究所复杂系统管理与控制国家重点实验室（筹） State Key Laboratory of Management and Control for Complex Systems, Institute of Automation, CAS	81	39
中国科学院计算技术研究所计算机体系结构国家重点实验室（筹） State Key Laboratory of Computer Architecture, Institute of Computing Technology, CAS	99	37
中国科学院长春光学精密机械与物理研究所发光学及应用国家重点实验室（筹） State Key Laboratory of Luminescence and Applications, Changchun Institute of Optics, Fine Mechanics and Physics, CAS	56	41

续表 6-17

客座研究人员 Guest researchers			人才培养 Talent training		
	国 外 Overseas	国内高级 Senior	博士后 Postdoctors	博 士 Candidates for doctor's degree	硕 士 Candidates for master's degree
64	14	34	5	53	27
8	8		7	105	127
11		11	9	83	69
25		24	2	90	68
6		6	2	60	48
59	22	30	8	83	82
16	16		7	76	56
9	3	6	19	98	110
			13	24	24
16	1			50	87
			5	63	59

6-18 国家重点实验

Basic Statistics of Research Projects Conducted by

单位：个

学 科 Field	合 计 Total	国家科技重大专项 National Science and Technology Major Project	科技支撑计划 Key Technology R&D Program	“863”课题 “863” projects	“973”课题 “973” projects
总 计 Total	**7003**	**299**	**95**	**223**	**781**
数学、物理 Mathematics & physics	858	28	7	31	166
化学 Chemistry	1082	2	7	50	97
资源、环境 Resources & environment	1828	80	42	47	136
生物学 Biological sciences	1618	137	21	33	268
技术科学 Technological sciences	1617	52	18	62	114

6-19 国家重点实验室科研

Statistics of Research Project Funds

单位：千元

学 科 Field	合 计 Total	国家科技重大专项 National Science and Technology Major Project	科技支撑计划 Key Technology R&D Program	“863”课题 “863” projects	“973”课题 “973” projects
总 计 Total	**3692300**	**553470**	**224280**	**218480**	**807850**
数学、物理 Mathematics & physics	635830	59760	151000	48680	138700
化学 Chemistry	435090	1070	13070	22860	108840

室课题情况(2011 年)

the State Key Laboratories: 2011

(unit)

国家基金重大项目 NSFC Major Program	国家基金重点项目 NSFC Key Program	部委课题 Projects at the ministerial level	学委会审批 Projects selected by academic committees	国际合作 International cooperative projects	其 他 Others
88	**424**	**2162**	**1051**	**335**	**1545**
30	81	202	87	27	199
8	64	308	159	90	297
19	94	512	358	87	453
20	102	388	222	85	342
11	83	752	225	46	254

课题经费投入情况(2011 年)

for the State Key Laboratories: 2011

(thousand yuan)

国家基金重大项目 NSFC Major Program	国家基金重点项目 NSFC Key Program	部委课题 Projects at the ministerial level	学委会审批 Projects selected by academic committees	国际合作 International cooperative projects	其 他 Others
54000	**209310**	**814520**	**78410**	**134500**	**597480**
16620	35680	60990	4510	14520	105370
11180	22140	95440	12620	30240	117630

学 科 Field	合 计 Total	国家科技重大专项 National Science and Technology Major Project	科技支撑计划 Key Technology R&D Program	“863”课题 “863” projects	“973”课题 “973” projects
资源、环境 Resources & environment	879240	207040	34490	33010	146420
生物学 Biological sciences	739340	47800	16130	26600	279800
技术科学 Technological sciences	1002800	237800	9590	87330	134090

6-20 国家重点实验室

Statistics of Research Results from

学 科 Field	获奖研究成果 Award-winning S&T Research results (项) (item)				
	国家级奖 National awards			院、部 Academy and	
	特等 Special class	一等 1st class	二等 2nd class	特等 Special class	一等 1st class
总 计 Total			**20**		**36**
数学、物理 Mathematics & physics			3		4
化学 Chemistry			2		8
资源、环境 Resources & environment			5		4
生物学 Biological sciences			3		11
技术科学 Technological sciences			7		9

填报说明：此表中奖项所填为第一完成人在本实验室所获。论文为第一作者标注为本实验室。专著为第一作者。

续表 6-19

国家基金重大项目 NSFC Major Program	国家基金重点项目 NSFC Key Program	部委课题 Projects at the ministerial level	学委会审批 Projects selected by academic committees	国际合作 International cooperative projects	其他 Others
10790	47720	214600	28630	33700	122840
8770	71460	129740	18000	31990	109050
6640	32310	313750	14650	24050	142590

科技成果情况(2011 年)

the State Key Laboratories: 2011

	论文 Thesis (篇) (No. of articles)		专著 Monographs (种) (title)		授权专利 Patents granted (发明) (Invention) (项) (item)
委奖 ministerial awards					
二等 2nd class	国内发表 Published domestically	国际发表 Published internationally	中文 Chinese language	外文 Foreign language	
20	**2766**	**7647**	**53**	**56**	**1397**
1	223	1273	3	2	178
4	279	2044	3	17	305
6	1300	1408	24	10	173
4	236	1049	10	15	209
5	728	1873	13	12	532

6-21 工程中心总体情况

General Statistics of Engineering Research Centers

项 目 Items	2007 年	2008 年	2009 年	2010 年	2011 年
一、经济情况 Economic status					
收入总额（万元）Total income (ten thousand yuan)	212817	242102	257897	299521	466658
技术性收入（万元）Technology income (ten thousand yuan)	18051	12770	21556	24326	49592
生产性收入（万元）Production income (ten thousand yuan)	104111	128375	151237	180722	267212
其他（万元）Others (ten thousand yuan)	90654	100957	85105	94473	149850
利税总额（万元）Total profit and tax (ten thousand yuan)	30560	21004	32691	43686	56473
资产总额（万元）Total assets (ten thousand yuan)	334498	315739	381210	462749	510773
固定资产（万元）Fixed assets (ten thousand yuan)	90046	89428	101340	138566	212447
二、基本建设 Capital construction					
计划总投资（万元）Total investment (ten thousand yuan)	149523	123939	115193	142292	215754
已完成总投资（万元）Completed invested (ten thousand yuan)	121812	103286	104583	138195	203670
国家拨款（万元）State allocation (ten thousand yuan)	27380	38286	41974	30550	56754
贷款（万元）Loan (ten thousand yuan)	14173	13120	9182	13532	17262
自筹（万元）Self-raised fund (ten thousand yuan)	73294	57597	62703	70115	117395

续表 6-21

项　目　Items	2007 年	2008 年	2009 年	2010 年	2011 年
其他（万元） Others (ten thousand yuan)	6966	29321	12173	12883	24344
已完成的基建规模 Completed capital construction					
投资（万元） Investment (ten thousand yuan)	42426	43728	50497	67284	92443
面积（平方米） Floor space (m^2)	271528	275193	329607	372980	407180
三、科技成果 S&T research results					
获奖总数（项） Total awards (item)	33	64	74	41	68
国家级奖 National awards	8	10	13	6	8
省部级奖 Provincial & ministry awards	22	54	60	35	48
其他 Others	3		1		12
专利申请量（件） Patents applied (item)	598	498	590	1003	1542
专利授权（件） Patents granted (item)	203	256	273	355	660
四、技术转移 Technology transfer					
技术服务、咨询（项） Technical service and consultation (item)	1151	1681	1731	1806	2165
技术培训（人次） Technical training (person·time)	11435	10247	10735	9580	15011
受让企业新增产值(万元) Enterprise's newly increased value of output (ten thousand yuan)	594504	669474	320850	578579	1240575

6-22 工程中心各

Statistics of Various Kinds of Staff at

工程中心名称 Names of engineering research center	合计 Total	专业技术人员 Professional technical staff	高级 Senior	中级 Middle level
总计 **Total**	**6492**	**5220**	**1562**	**2078**
工程塑料国家工程研究中心 National Engineering Center for Engineering Plastics	174	129	45	56
基础软件国家工程研究中心 National Engineering Research Center of Fundamental Software	416	312	27	329
信息安全共性技术国家工程研究中心 National Engineering Research Center for Information Security	65	18		4
光电子器件国家工程研究中心 National Engineering Research Center for Optoelectronic Devices	352	308	75	89
光盘及其应用国家工程研究中心 National Engineering Research Center for Optical Disks and Applications	50	44	14	30
高性能均质合金国家工程研究中心 National Engineering Center for High Performance Homogenized Alloys	153	79	51	22
机器人技术国家工程研究中心 National Engineering Research Center for Robot	1277	1046	109	174
高档数控国家工程研究中心 National Engineering Center for Hi-End Computer Numerical Control	242	142	52	124
膜技术国家工程研究中心 Dalian Membrane Center of Engineering R&D	103	50	18	37
精细石油化工中间体国家工程研究中心 National Engineering for Fine Petrochemical Intermediates	161	147	100	51
手性药物国家工程研究中心 National Engineering Research Center for Chiral Drugs	118	97	18	44
燃料电池及氢源技术国家工程研究中心 National Engineering Research Center of Fuel Cells and Hydrogen Technology	107	86	19	36
国家生化工程技术研究中心 National Engineering Research Center for Biotechnology	79	68	33	19
国家遥感应用工程技术研究中心 National Engineering Research Center for Geoinformatics	129	120	50	56

类人员情况(2011 年)
Engineering Research Centers: 2011

学 位 Degrees		学 历 Education experience			按工作性质分 By working sectors					
博 士 Ph.D	硕 士 MS	研究生 Post graduate	大 学 Graduate	其 他 Others	管理人员 Adminis-trative staff	研究开发人员 R&D Staff	质量监督人员 Quality supervision staff	市场营销人员 Market staff	生产人员 Produc-tion staff	其 他 Others
1243	**1715**	**2898**	**2147**	**1447**	**563**	**4265**	**163**	**293**	**792**	**416**
53	27	82	58	34	24	94	6	17	29	4
43	151	194	210	12	43	312		21		40
5	8	13	50	2	13	14	4	14		20
105	50	142	42	168	21	207	5	7	96	16
6	25	25	10	15	5	39	1	1	4	
35	70	105	24	24	5	51	9	3	19	66
15	281	296	621	360	183	838	22	48	186	
11	59	68	146	28	16	126	2	13	14	71
1	9	10	51	42	16	12	4	35	34	2
38	40	76	53	32	7	122	4	3	21	4
10	15	25	41	52	8	37	12	4	48	9
11	18	29	32	46	12	55	3	6	28	3
42	14	56	18	5	4	42	3	2	23	5
72	41	113	14	2	9	120				

工程中心名称 Names of engineering research center	合 计 Total	专业技术人员 Professional technical staff	高 级 Senior	中 级 Middle level
国家并行计算机工程技术研究中心 National Research Center of Parallel Computer Engineering & Technology	169	155	42	72
国家高性能计算机工程技术研究中心 National Engineering Research Center for High Performance Computer	198	161	39	136
国家专用集成电路设计工程技术研究中心 National Engineering Research Center for ASIC Design	42	41	15	26
中国岩土工程研究中心 Chinese Research Center of Geotechnical Engineering	36	27	12	15
国家卫星定位系统工程技术研究中心 National Center of GNSS Engineering Technology	60	57	52	7
国家淡水渔业工程技术研究中心 National Engineering Research Center for Freshwater Fisheries	50	43	32	11
国家金属腐蚀控制工程技术研究中心 National Engineering Research Center for Corrosion Control	108	79	42	20
国家真空仪器装置工程技术研究中心 National Engineering Research Center of Vacuum Instruments	305	203	61	63
国家催化工程技术研究中心 National Engineering Research Center for Catalysis	421	349	98	137
国家节水灌溉工程技术研究中心 National Engineering Research Center for Water-Saving irrigation	21	10	10	2
国家天然药物工程技术研究中心 National Engineering and Technology Center for Natural Medicines	166	162	25	58
国家光电子晶体材料工程技术研究中心 National Engineering Research Center for Optoelectronic Crystalline Materials	88	85	33	38
国家网络新媒体工程技术研究中心 National Engineering Research Center for Network New Media Technology	72	61	35	29
国家荒漠-绿洲生态建设工程技术研究中心 National Engineering Technology Research Center for Desert-Oasis Ecological Construction	61	57	38	17
国家环境光学监测仪器工程技术研究中心 National Engineering Research Center of Environmnental Optic Monitoring Instruments	54	51	28	20
国家光栅制造与应用工程技术研究中心 National Engineering Research Center for Diffraction Gratings Manufacturing and Application	55	47	38	12
中国科学院计算机语言信息工程研究中心 CAS Engineering Research Center for Computer & Language Information	15	10	1	1

续表 6-22

学位 Degrees		学历 Education experience			按工作性质分 By working sectors					
博士 Ph.D	硕士 MS	研究生 Post graduate	大学 Graduate	其他 Others	管理人员 Administrative staff	研究开发人员 R&D Staff	质量监督人员 Quality supervision staff	市场营销人员 Market staff	生产人员 Production staff	其他 Others
15	67	82	71	16	5	116	2	9	37	
19	172	191	7		6	161				31
29	7	36	6		1	40	1			
4	20	13	19	4	2	21	2	5	4	2
44	7	51	6	3	3	57				
33	2	35	13	2	5	36	2	2	5	
12	17	29	36	43	11	57	8	16	14	2
1	19	20	102	183	18	93	10	25	100	59
45	110	155	134	132	26	294	30	31	25	15
8	9	9	4	8	2	10				9
8	27	35	85	46	4	162				
42	32	74	7	7	3	77			8	
26	22	48	24		6	55	2	5	4	
29	4	33	20	8	4	57				
32	12	44	7	3	3	44	5		2	
26	13	39	11	5	3	29	2	5	16	
	1	1	12	2	4	9	1	1		

工程中心名称 Names of engineering research center	合 计 Total	专业技术人员 Professional technical staff	高 级 Senior	中 级 Middle level
中国科学院放射性药物联合研究开发中心 CAS Engineering Research Center for Radiopharmaceuticals	15	11	8	5
中国科学院有机合成工程研究中心 CAS Engineering Research Center of Organic Synthesis	75	67	24	14
中国科学院精密铜管工程技术研究中心 CAS Engineering Research Center for Precised Copper Pipes	32	29	16	9
中国科学院北方液晶工程研究开发中心 North Liquid Crystal Engineering R&D Center	19	11	8	6
中国科学院皮革化工材料工程研究中心 CAS Engineering Research Center for Leather Chemical Materials	26	13	3	2
中国科学院热安全工程研究中心 CAS Engineering Research Center for Thermal Safety	50	36	24	22
甲醇制烯烃国家工程实验室 National Engineering Laboratory for Methanol To Olefins	73	68	31	11
中药标准化技术国家工程实验室 National Engineering Laboratory for TCM Standardization Technology	54	50	19	31
工业酶国家工程实验室 National Engineering Laboratory for Industrial Enzymes	68	64	25	8
煤炭间接液化国家工程实验室 National Engineering Laboratory for Indirect Coal Liquefaction	135	86	25	35
湿法冶金清洁生产技术国家工程实验室 National Engineering Laboratory for Cleaner Production Technology of Hydrometallurgy	151	140	40	51
遥感卫星应用国家工程实验室 National Engineering Laboratory for Satellite Remote Sensing Applications	123	105	25	56
信息内容安全技术国家工程实验室 National Engineering Laboratory for Information content security	110	105	20	35
真空技术装备国家工程实验室 National Engineering Laboratory for Vacuum Technological Equipment	60	52	33	27
碳纤维制备技术国家工程实验室 National Engineering Laboratory for Carbon Fiber Preparation	93	85	28	18
土壤养分管理国家工程实验室 National Engineering Laboratory for Soil Nutrients Management	61	54	21	13

续表 6-22

学位 Degrees		学历 Education experience			按工作性质分 By working sectors					
博士 Ph.D	硕士 MS	研究生 Post graduate	大学 Graduate	其他 Others	管理人员 Administrative staff	研究开发人员 R&D Staff	质量监督人员 Quality supervision staff	市场营销人员 Market staff	生产人员 Production staff	其他 Others
5	2	7	7	1	2	8	1		2	2
25	21	46	20	9	8	67				
3	4	7	14	11	3	29				
3	4	7	9	3	4	7		4	4	
	3	3	4	19	4	3	2	3	8	6
18	16	35	13	2	6	32	4	5		3
24	11	21	16	36	5	68				
21	27	46	6	2	4	50				
28	40	68			4	64				
30	42	72	22	41	8	86				41
74	52	126	18	7	11	140				
53	44	101	18	4	14	89	4	4	12	
80	26	106	4		5	105				
13	16	29	26	5	6	43	3	2	6	
20	27	47	27	19	5	40	6		39	3
26	31	48	9	4	2	47	3	2	4	3

主要统计指标解释

人　员

1. 从事科技活动人员

指职工总数中的科技管理人员、课题活动人员和科技服务人员。

科技管理人员　指院、所领导及业务、人事管理人员，包括直接从事科技计划管理、课题管理、成果管理、专利管理、科技统计、科技档案管理、科技外事工作、人事管理、教育培训、财务等活动的人员。

课题活动人员　指编制在研究室或课题组的人员。

科技服务人员　指从事图书、情报、测试、试验、咨询、物资器材供应等工作的人员以及实验室、试验工厂(车间)、试验农场的人员。不包括司机、门卫、食堂人员、医务人员、清洁工以及幼儿园、托儿所工作人员等。

2. 科学家和工程师

指具有大学毕业及以上学历的或具有高、中级技术职称(务)的人员。

3. 其他科技人员

指具有大、中专毕业学历或具有初级技术职称(务)的人员。

4. 从事生产、经营活动人员

指主要从事定型产品的批量生产、单位内部招待所、商店、出版印刷等生产经营和对外服务活动的人员。在机构下属经济实体中的院所编制人员也应包括在内。

经　费

1. 经费

包括暂收(暂付)款，经费收入中各项皆为毛收入。

2. 科技活动收入

政府资金　指由各级政府部门直接拨款或企事业单位利用政府资金委托本机构从事科学技术活动所获得的收入。

★财政补助收入　指由中央或地方财政通过预算的形式拨给本机构的经费，包括正常经费和专项经费。单位收到由财政部门拨给主管部门和上级单位转拨的科学事业费，以及由财政部门拨给上级主管部门和上级单位以科研课题或项目下达的科学事业费，均属财政预算拨款。

★承担政府科研项目收入　指本机构为了开展科学研究、新产品试制、中间试验、科技成果示范性推广等科技活动，通过签订协议、合同或其他形式申请并获得的政府经费，包括课题专项、设备专项和其他专项。

技术性收入 指本机构从事科学技术活动所获得的非政府资金(毛收入)，如：企事业单位和社会团体利用自有资金委托本机构开展科学技术活动所提供的资金，由技术开发收入、技术转让收入、技术咨询及服务收入、学术活动和生产科普活动收入几项合计。

★来自企业 指本机构通过接受企业委托、为企业提供技术开发、技术咨询服务等形式从事科学技术活动而从企业获得的收入。

★技术开发收入 指本机构承接社会各方面委托的有关新技术、新产品、新工艺和新材料及其系统的研究开发任务而获得的收入。

★技术转让收入 指本机构通过专利权转让、专利申请权转让、专利实施许可、非专利技术的转让所获得的收入。

★技术咨询、服务、培训、承包收入 不包括建设工程的勘探、设计、施工、安装和加工承揽。

★国外资金 指中国境外的企业、大学、国际组织、民间组织、金融机构及外国政府提供给在中国境内注册的各类单位用于科技活动的经费。不包括外国在中国注册的企业提供的经费。

★科技活动借贷款 指本机构为开展科技活动从各种渠道获得的各种借、贷款。不论偿还形式、期限和数额如何，均按当年获得的借、贷款额填报。不包括基本建设贷款。

★其他资金 指除上述各项以外可以用于科技活动的收入，包括国内外社会和个人赞助、捐赠、投资收益等。

3. 科技经费内部支出

指本单位在报告期内用于内部开展科技活动实际支出的费用，包括来自科研渠道以及其他各种渠道的经费实际用于科技活动支出的费用，也包括外协加工费。

★人员费用 指以货币或实物形式直接或间接支付给科技活动人员的劳动报酬及各种费用，包括各种形式的工资、补助工资、津贴、价格补贴、奖金、福利、失业保险、养老保险、医疗保险、工伤保险、人民助学金等，也包括支付给研究生的助学金、奖学金等开支。为科技活动提供间接服务人员的劳务费不计入此项。

★设备购置费 指本单位使用非基本建设投资购建费购买用于科技活动的固定资产的实际支出额。固定资产指长期使用而不改变原有的实物形态，单位价值在规定标准以上的主要物资设备，如科研仪器设备、图书资料、实验材料和标本以及其他科研设备。

★其他日常支出 指本单位用于科技活动除上述以外的支出。例如，用于科技活动的原材料费、水电能源费、差旅费、加工试验费、设备使用费、计算机机时费、资料印刷费等。培训研究生的消耗性支出也一并统计。

基 本 建 设

1. 基本建设投资实际完成额

指本机构在报告期内完成的用货币表示的基本建设工作量。

2. 自筹

指在当年基本建设投资实际完成额中自筹投资的部分，自筹部分应包括拨改贷后须由机构自身偿还的贷款。

3. 科研仪器设备

指本机构在基本建设投资的实际完成额中购置的科研仪器设备总值。非科研设备购置不计入此项。

4. 科研土建工程

指本机构在基本建设投资的实际完成额中完成的科研土建工作量(如科研楼、试验用房等)。非科研土建工程(如住房等)不计入此项。

科 技 活 动

1. 课题活动分类

基础研究 指为获得新知识而进行的独创性研究。其目的是揭示观察到的现象和事实的基本原理和规律，而不以任何特定的实际应用为目的。

应用研究 指为获得新的科学技术知识而进行的独创性研究。它主要针对某一特定的实际应用目的。应用研究通常是为了确定基础研究成果或知识的可能的用途，或是为达到某一具体的、预定的实际目的确定新的方法(原理)或途径。

★区分基础研究与应用研究的主要标志 具有特定的实际应用目的。

试验发展 利用从研究或实际经验获得的知识，为生产新的材料、产品和装置，建立新的工艺和系统，以及对已生产或建立的上述各项进行实质性的改进，而进行的系统性工作。

★区分科学研究(基础研究和应用研究)与试验发展的主要标志 前者主要是为了增加科学技术知识，后者则是为了开辟新的应用领域(如新材料或新技术)。

★区分科学研究与试验发展及其他有关活动的主要标志 具有创新成分的活动归于前者。

研究与试验发展成果应用 为解决 R&D 活动阶段产生的新产品、新装置、新工艺、新技术、新方法、新系统和服务等投入生产或实际应用所存在的技术问题而进行的系统性活动。它不具有创新成分，此类活动包括为达到生产目的而进行的定型设计和试制以及为扩大新产品生产规模和新方法、新技术、新工艺等的应用领域而进行的适应性试验。

★研究与试验发展、研究与试验发展成果应用和工业生产活动三者之间的界限大致划分如下：

(1) 新产品的研制

实质性的新产品，即完全新的新产品或对现有产品的性能进行重大改进的设计、制造和试验，是研究与试验发展活动。对引进(或购买)现成的技术成果(如专利、技术诀窍、图纸和样机等)进行复制或直接应用而形成新产品的过程，不是研究与试验发展活动，而是研究与试验发展成果应用活动。

(2) 新工艺、新方法的研制

对新工艺、新方法的研制或对现有工艺、生产过程进行实质性的技术改进，是研究与试验发展。采用国内已有的生产工艺或生产过程，而在技术上没有实质性的改进，只是对采用的生产工艺或生产过程做适应性的试验，不属于研究与试验发展，而是研究与试验发展成果应用活动。

(3) 中间试验

新产品、新工艺、新生产过程直接用于生产前，往往要进行中间试验，以解决一系列的技术问题，情况比较复杂，对其是否属于研究与试验发展应视具体情况而定。

如果进行中间试验的直接目的是为了从技术上进一步改进产品、工艺或生产过程或为此目的进行试验以获得经验和收集数据，是研究与试验发展；如果为了进行产品的定型设计，获取生产所需的技术参数，那么就不是研究与试验发展，而是研究与试验发展成果应用活动。

(4) 试生产

试生产是在完成了生产前的各项技术准备后，在正式生产前的“试验性”生产。试生产的直接目的不是对产品或生产过程在技术方面做进一步的改进，而是为了使生产能顺利进行，因而既不属于研究与试验发展，也不属于研究与试验发展成果应用活动。

(5) 质量控制与检验测试

生产过程的质量控制及材料、设备、产品的常规检验、测试，不属于研究与试验发展，也不属于研究与试验发展成果应用活动，原型检验测试和非商业性的试验工厂(中试车间)中的检验测试，属于研究与试验发展。

(6) 市场研究

既不是研究与试验发展，也不是研究与发展成果应用活动。

科技服务　与科学研究与试验发展有关，并有助于科学技术知识的产生、传播和应用的活动。包括，为扩大科技成果的使用范围而进行的示范性推广工作；为用户提供科技情报和文献服务的系统性工作；为用户提供可行性报告、技术方案、建议及进行技术论证等技术咨询工作；自然、生物现象的日常观测、监测，资源的考察和勘探；有关社会、人文、经济现象的通用资料的收集，如统计、市场调查等，以及这些资料的常规分析与整理；为社会和公众提供的测试、标准化、计量、计算、质量控制和专利服务，不包括工商企业为进行正常生产而开展的上述活动。

生产性活动　由于具备特殊的工艺设备条件或掌握某种技术专长或诀窍所进行的小量非常规生产。

2. 课题经费支出

指当年为进行该课题研究而从课题经费中直接支出的全部经费(不包括与外单位合作进行该课题研究而拨给对方使用的经费)。

3. 课题参加人员折合全时工作量

指按工作量计算的当年实际参加课题活动的各类人员总数。统计时首先把课题人员分离为全时人员和非全时人员，然后折算为全时工作量。

全时人员　指在本年度工作中，从事该课题活动的工作量(累计工作时间与本人全年工作总时间之比)在 0.9 以上(含 0.9)的人员数。

非全时人员　指在本年度工作中，从事该课题活动的工作量在 0.1~0.9 的人员数。工作量不到 0.1 不计在内。

全时当量　指全时人员数加所有非全时人员的工作量总和，数值取小数点后一位。

国家重点实验室

1. 固定人员

指由实验室主任聘任并有一定任期的相对稳定的研究人员、技术人员和管理人员。国家重点实验室的固定人员可以由室主任连聘连任。

2. 客座人员

指通过课题申请并获准来开放实验室从事研究工作的所内外工作人员。开放实验室的客座人员没有固定任期，在课题获准进行期内属于开放实验室的人员，享受固定人员同等待遇，课题结束之后，必须离室，因此客座人员是流动的。

3. 学委会审批课题

经学术委员会审议批准，用开放经费支持的课题。固定客座合作课题指由开放实验室固定、客座人员合作共同承担的学委会审批课题。

Explanatory Notes on Key Indicators

Personnel

1. S&T activity personnel

S&T activity personnel comprise S&T management personnel, project activity personnel and S&T service personnel.

S&T management personnel refers to leaders at various levels in the academy and institutes and those who are engaged in S&T and personnel management, including those who participate directly in such activities as S&T planning, project management, research achievement management, patent management, S&T statistics, management of S&T archives, S&T international cooperation, personnel management, education and training, and finance.

Project activity personnel refers to staff whose payroll is in the laboratory or project research group.

S&T service personnel refers to those engaged in library, information, measurement, testing, consultation, material and equipment supply as well as those working in laboratories, pilot factories (workshops) and experimental farms. They should not include drivers, janitors, and persons working in mess halls, medical houses, kindergartens and nurseries.

2. Scientists and engineers

This heading can be defined as persons who are of higher educational level or have senior or middle level academic titles.

3. Other S&T personnel

This heading refers to persons who are of specialized higher school or specialized secondary school educational level or have junior or specialized secondary school educational level or have junior academic (or technical) titles.

4. Production and business activity personnel

This mainly refers to staffs who are engaged in the production, business activity and services such as batch process of finalized products, management and services in the guesthouses and shops, and publication and printing. Staff on the CAS and institute payroll who work in the economic entities attached to the institution shall also be included.

Funds

1. Funds

Funds include temporary collection and temporary payment. Items included in the current intramural income are all gross income.

2. Income of S&T activities

Income from government funds This heading refers to funds directly allocated by government departments at all levels or income obtained by a particular institution through conducting S&T activities entrusted by enterprises and institutions using government funds.

★*Income from government subsidy* This refers to budgetary funds allocated by the central or local financial departments, including normal funds and special funds. The operation funds for scientific research obtained from the financial departments via higher authorities and the operating funds for scientific research obtained from the financial departments via higher authorities designated for research projects are all in the category of financial budgetary allocation.

★*Income from undertaking government research projects* This refers to funds received by a particular institution from the government for the purpose of carrying out S&T activities through signing agreements, contracts or other forms of application, such as scientific research, new product development and experiment, pilot experiment, and demonstration and commercialization of S&T results. This includes special funds for research projects, equipment and other items.

Technical income This refers to the gross income obtained by a particular institution from non-governmental departments for undertaking S&T activities, such as self-raised funds from institutions, enterprises and social organizations for entrusting the particular institution to carry out S&T activities. It also includes income from technology development, technology transfer, technology consultation and service, academic activities and production, and science popularization activities.

★*From enterprises* This refers to the income obtained by a particular institution from the enterprises by undertaking entrusted S&T activities for the enterprises in the form of technology development, technology consultation and service.

★*Income from technology development* This refers to income received by a particular institution from commissioned R&D on new technologies, products, processes, materials and systems.

★*Income from technology transfer* This refers to income received by a particular institution from transfer of its patents, patent application rights, patent licenses and non-patented technologies.

★*Income from technological consultation, services, training and contracts* This heading excludes the income from exploitation of construction engineering, design, construction, installation and contracts for processing.

★*Overseas Funds* This heading refers to the funds provided by overseas enterprises, universities, international organizations, non-government organizations, financial agencies and foreign governments to the institutions and units registered in China for S&T activities. This excludes the funds provided by the foreign enterprises registered in China.

★*Loans for S&T activities* This heading refers to all kinds of loans obtained by a particular institution from various sources for S&T activities. No mater what kind of form, duration and volume of the repayment will be, the total monetary volume of loans obtained in the reference year should be recorded. But, any loans for capital construction is not included.

★*Other Income* This heading refers to the income, both from home and abroad, such as donations from the society and individuals as well as some investment income for S&T activities, etc., which does not fall into the above-mentioned categories.

3. Current Intramural Expenditure

This refers to actual expenditure for S&T activities by a particular institution within the reported period, including all the expenses for S&T activities funded by not only research and development (R&D) channels but also other sources. This also includes the expenditure for the products processing with outside cooperation.

★*Personnel cost* This refers to the expenditure paid by a particular institution to its staff, directly or indirectly, in cash or in kind, including basic salary, subsidiary salary, allowances, price subsidiary, bonus, welfare funds for staff, unemployment insurance, old-aged pension, medical care insurance, insurance against injury at work, people's fellowship, etc., including stipend and fellowship for graduate students. This excludes the remuneration for personal services.

★*Equipment purchasing expenditure* This refers to the exact expenditure of non-capital construction investment spent by a particular institution on purchasing fixed assets for S&T activities. Fixed assets cover major equipment and installations with unit price above the set quota, which can be used over a long period of time without changing their original material forms (or appearances), such as scientific research equipment and installations, books, library materials, laboratory materials and specimens as well as other facilities for research activities.

★*Other daily expenditure* This refers to the expenditure spent by a particular institution for S&T activities, which is not included in the above-mentioned items, such as costs of raw materials for the performance of S&T activities, charges for water and electricity, travel, expenses directly associated with processing and experiments, costs of equipment utilization, computer times, printing of materials, etc., and consumptive expenditure for graduate student training is also included.

Capital Construction

1. Actual expenditure in capital investment

This refers to the amount of capital construction work completed by a particular institution in the reference year, which is expressed in monetary terms.

2. Self-raised funds

This refers to funds raised by a particular institution in the actual spending in capital investment. It includes loans, which should be paid back by the institution itself after the reform of the S&T

appropriation system.

3. Scientific research instruments and equipment

This refers to the total expenditure on scientific research equipment in the actual capital expenditure. Expenditure on nonresearch equipment is not included in this category.

4. Civil engineering projects for scientific research

This refers to the actual amount of work completed by a particular institution on research facilities (such as research and experiment buildings) in the actual expenditure of capital investment. Construction project not for research purpose (such as living quarters) is not included.

S&T Activities

1. Classification by project activity

Basic research Basic research can be defined as any original research undertaken to acquire new knowledge. Its purpose is to explore the underlying principles and laws of observed phenomena and facts, without any particular practical application in view.

Applied research Applied research is defined as any original research undertaken in order to acquire new scientific and technological knowledge. It is, however, directed primarily towards a specific practical aim or objective. Applied research is usually undertaken to determine the possible application of the results or knowledge from basic research, or to determine new methods or ways of achieving some specific and predetermined practical aim.

★The main criterion for distinguishing basic research from applied research is that the latter has specific practical application in view.

Experimental development Experimental development can be defined as any systematic work, drawing on existing knowledge gained from research and/or practical experience, that is directed to producing new materials, products and devices, to installing new processes and systems, and to improving substantially those already produced or installed.

★The main criterion for distinguishing scientific research (basic or applied) from experimental development is that whereas the former is primarily directed towards the increase of S&T knowledge, the latter is directed towards the introduction of new application (e.g. new materials or technologies).

★The main criterion for distinguishing scientific research from experimental development is that the former involves creative activities.

Application of research and experimental development results Application of research and experimental development results can be defined as any systematic work that is directed to the technical issues in the production and practical use of new products, new devices, new processes, new techniques, new methods, new systems and services which are generated from research and development results. This kind of activity does not involve creation and innovation. It includes finalized design and pilot development for production purposes as well as adaptability testing directed to expanding the production scale of new products and the application of new methods, technologies and processes.

★The main criterion for distinguishing research and experimental development, application of research and experimental development results, and industrial activities is basically the following:

(1) Development of new products

Activities directed towards the development of new products, that is, completely new products, substantial improvement of the design, development and experiment on the properties of existing products, should be defined as research and experimental development, while the process of producing new products through copy or direct use of imported (or purchased) technical results (such as patents, technical know-how, blueprints and prototypes) should not be mentioned as research and experimental development. It falls into the category of application of research and experimental development results.

(2) Development of new processes and methods

The development of new processes or methods and the substantial technical improvement of existing technologies and production processes are research and experimental development. Activities involved in adopting existing domestic production techniques or processes without making substantial improvements (or when only adaptability testing is conducted) cannot be considered as research and experimental development. They are the application of research and experimental development results.

(3) Pilot experiment

Before new products, technologies and production processes can be used in production, pilot experiments are usually carried out in order to solve a series of technical issues. These experiments are complex in nature and whether they are considered as research and experimental development or not can only be judged according to concrete conditions.

If the immediate aim of the pilot experiment is to make further technical improvement of existing technologies and production processes are research acquisition of experience and data for that purpose, the activity should be regarded as research and experimental development. If, on the contrary, the immediate aim is to make finalized design for a product and to obtain technical data needed for the production, the activity should be regarded as research and experimental development. It is a part of the application of research and experimental development results.

(4) Trial production

Trial production can be defined as "experimental" production conducted after various technical preparations are completed but before full scale production is started. Since the immediate aim of trial production is not to make further technical improvement of the product or the production process concerned but to get the production process working smoothly, it is neither research and experimental development, nor application of research and experimental development results.

(5) Quality control, checking and testing

Quality control of production processes and routine checking and testing of materials, devices and products are neither research and experimental development nor application of research and experimental development results. However, the testing of prototypes and testing conducted in a non-commercial pilot plant (workshop) should be regarded as research and experimental development.

(6) Market study

This is neither research and experimental development, nor application of research and experimental development results.

Scientific and technical services Scientific and technical services can be defined as any activities concerned with scientific research and experimental development and contributing to the generation, dissemination and application of scientific and technological knowledge. They include the demonstration and popularization activities to introduce the application of scientific and technological results; systematic work on scientific and technological information and documentation services; technical consultation provided to users such as feasibility studies, technical schemes, proposals and technical investigations; routine observation and monitoring of natural and biological phenomena, surveying and exploration of resources; and the gathering of general information on social, human and economic phenomena (such as statistics and market studies); as well as the routine analysis and compilation of the above mentioned information; testing, standardization, metrology, computation, quality control and patent services (excluding the above mentioned activities carried out by industries for normal production).

Productive activities This heading refers to small-scale non-conventional production undertaken because of possessing special processing equipment and facilities or technical specialties and know-how.

2. Total direct expenditure by project group

This refers to the total funds actually spent directly by the project group for the research of the project. It does not include funds transferred to the cooperators if the project is conducted jointly.

3. Full-time equivalent of project activity personnel

This refers to the total number of various kinds of personnel who actually participate in the project activities in the reference year, calculated according to their work load. In making the statistics, the project activity personnel are first classified as full-time personnel and part-time personnel and their work load are then converted into full-time work load.

Full-time personnel This refers to the number of personnel whose work load for the project activity (the ratio between accumulated working hours spent on the project activity and the total hours worked in the reference year) is 0.9 or above.

Part-time personnel This refers to the number of personnel whose work load for the project activity is from 0.1 to 0.9. Those whose work load for the project activity is less than 0.1 are not included.

Full-time equivalent This refers to the total work load of full-time personnel and part-time personnel.

State Key Laboratories

1. Permanent researchers

This refers to research, technical and managerial personnel who are invited or engaged by the directors of the open laboratories to serve for certain terms.

2. Guest researchers

This refers to scientists both inside and outside the institutes who conduct research activities at the State Key laboratories after their research applications have been approved. Guest researchers do not serve for fixed terms. They are on the staff of the State Key laboratories within the allowed period for pursuing their research subjects and enjoy the same treatment as the permanent staff does, but must leave the laboratories upon completion of their research.

3. Projects approved by the academic committees

This refers to research projects, which are approved by the academic committees and funded by the open laboratory research funds. Jointly conducted projects refer to those research projects which are approved by the academic committees and are jointly conducted by the permanent staff and guest researchers of the State Key Laboratories.

七、人才培养与引进

TALENT TRAINING AND RECRUITMENT

7-1　中国科学技术大学录取和毕业大学生情况

Enrollment and Graduation of Undergraduate Students in the University of Science and Technology of China

单位：人　　(person)

年份 Year	录取大学生 Total enrollment			毕业大学生 Total graduation		
	合计 Total	本科 Regular college courses	专科 Special college courses	合计 Total	本科 Regular college courses	专科 Special college courses
1978	999	999				
1979	3009	3009		869	799	70
1980	557	557		1451	1334	117
1981	568	568		108		108
1982	639	588	51	690	690	
1983	721	662	59	668	668	
1984	758	714	44	529	476	53
1985	835	777	58	593	534	59
1986	752	752		574	574	
1987	985	810	175	572	572	
1988	1054	774	280	850	638	212
1989	748	632	116	892	687	205
1990	860	695	165	1003	734	269
1991	970	776	194	820	683	137
1992	1291	865	426	987	821	166
1993	1870	1032	838	899	684	215
1994	1721	1084	637	869	493	376
1995	1621	1123	498	1502	611	891
1996	1759	1148	611	1494	867	627
1997	1448	1248	200	1366	886	480
1998	1583	996	587	1590	1450	140
1999	1980	1840	140	1181	984	197
2000	2042	1902	140	1875	1540	335
2001	2005	1825	180	1986	1704	282
2002	1863	1863		2012	1871	141
2003	1862	1862		2321	2321	
2004	1848	1848		1754	1754	
2005	1842	1842		1763	1763	
2006	1941	1941		1797	1797	
2007	1963	1963		1753	1753	
2008	1690	1690		1866	1866	
2009	1806	1806		1845	1845	
2010	1787	1787		1884	1877	7
2011	1788	1788		1918	1918	

7-2　录取研究生和授予学位情况

Total Enrollment of Graduate Students and Degrees Granted

单位：人　　(person)

年份 Year	录取研究生 Total enrollment			授予学位 Total degrees granted		
	合计 Total	博士 Doctor's degree	硕士 Master's degree	合计 Total	博士 Doctor's degree	硕士 Master's degree
1955~1965	1287		1287			
1978	1400		1400			
1979	351		351			
1980	193		193			
1981	1123	107	1016	974		974
1982	1329	42	1287	178		178
1983	1334	59	1275	205		205
1984	1772	253	1519	469		469
1985	2349	372	1977	1181	72	1109
1986	2314	392	1922	998	78	920
1987	2361	561	1800	1187	82	1105
1988	2325	513	1812	2255	189	2066
1989	1966	416	1550	2370	313	2057
1990	1883	488	1395	1662	226	1436
1991	1862	562	1300	1940	326	1614
1992	2197	702	1495	1580	278	1302
1993	2383	724	1659	1019	244	775
1994	3024	1180	1844	1529	413	1116
1995	3372	1466	1906	1693	518	1175
1996	3631	1603	2028	2179	689	1490
1997	3605	1605	2000	2516	849	1667
1998	3769	1720	2049	2391	1111	1280
1999	4287	1926	2361	2769	1213	1556
2000	5807	2622	3185	2662	1247	1415
2001	7344	3171	4173	2953	1473	1480
2002	9346	3943	5403	3009	1451	1558
2003	11439	5004	6435	4019	1931	2088
2004	12981	5562	7419	5092	2428	2664
2005	13639	5691	7948	6851	3116	3735
2006	14007	5726	8281	8160	4036	4124
2007	14315	5749	8566	9353	4597	4756
2008	14731	5786	8945	10704	5053	5651
2009	15893	6111	9782	11003	5155	5848
2010	16882	6092	10790	10717	5347	5370
2011	16851	6363	10488	10318	5317	5001

7-3 研究生招收培养及

Total Enrollment of Graduate

单位：人

招生单位 Institution	录取研究生 Enrollment in 2011			在学研究生 Total enrollment		
	合计 Total	博士 Doctor's degree	硕士 Master's degree	合计 Total	博士 Doctor's degree	硕士 Master's degree
总计 Total	**16851**	**6363**	**10488**	**48971**	**21429**	**27542**
北京市 Beijing	5903	2558	3345	17902	8733	9169
数学与系统科学研究院 Academy of Mathematics & Systems Science	179	95	84	499	297	202
物理研究所 Inst. of Physics	257	136	121	700	452	248
声学研究所 Inst. of Acoustics	136	58	78	396	189	207
理论物理研究所 Inst. of Theoretical Physics	42	23	19	121	81	40
理化技术研究所 Technical Inst. of Physics and Chemistry	147	63	84	415	189	226
高能物理研究所 Inst. of High Energy Physics	168	76	92	458	242	216
国家天文台 National Astronomical Observatories of China	66	36	30	207	126	81
力学研究所 Inst. of Mechanics	111	36	75	328	116	212
化学研究所 Inst. of Chemistry	320	195	125	930	627	303
生态环境研究中心 Research Center for Eco-Environmental Sciences	184	107	77	613	367	246
过程工程研究所 Inst. of Process Engineering	122	59	63	445	219	226
地理科学与资源研究所 Inst. of Geographic Sciences and Natural Resources Research	209	123	86	656	418	238
地质与地球物理研究所 Inst. of Geology and Geophysics	184	104	80	537	339	198

授予学位情况(2011 年)

Students and Degrees Granted: 2011

(person)

授予博士学位 Doctor's degree				授予硕士学位 Master's degree			
合 计 Total	理 学 Natural sciences	工 学 Enginee-ring sciences	其 他 Others	合 计 Total	理 学 Natural sciences	工 学 Enginee-ring sciences	其 他 Others
5317	**3465**	**1711**	**141**	**5001**	**1840**	**1954**	**1207**
2301	1517	719	65	1551	562	782	207
81	69	1	11	15	11	1	3
112	112			6	6		
59	13	46		22	2	20	
21	21						
65	50	15		33	15	18	
72	50	22		14	9	5	
29	29			13	13		
45	22	23		39	6	33	
196	196			2	2		
107	81	26		58	36	22	
57		57		35		35	
100	87	10	3	69	64		5
90	71	18	1	33	29	4	

招生单位 Institution	录取研究生 Enrollment in 2011			在学研究生 Total enrollment		
	合计 Total	博士 Doctor's degree	硕士 Master's degree	合计 Total	博士 Doctor's degree	硕士 Master's degree
古脊椎动物与古人类研究所 Inst. of Vertebrate Paleontology and Paleoanthropology	33	12	21	94	39	55
大气物理研究所 Inst. of Atmospheric Physics	128	73	55	419	247	172
遥感应用研究所 Inst. of Remote Sensing Application	101	53	48	332	170	162
植物研究所 Inst. of Botany	180	82	98	612	300	312
动物研究所 Inst. of Zoology	145	80	65	482	268	214
心理研究所 Inst. of Psychology	85	40	45	242	127	115
微生物研究所 Inst. of Microbiology	117	57	60	396	233	163
生物物理研究所 Inst. of Biophysics	177	90	87	518	257	261
遗传与发育生物学研究所 Inst. of Genetics and Developmental Biology	140	91	49	555	403	152
北京基因组研究所 Beijing Inst. of Genetics	71	28	43	202	84	118
计算技术研究所 Inst. of Computing Technology	287	101	186	985	419	566
计算机网络信息中心 Computer Network Information Center	50	7	43	163	25	138
软件研究所 Inst. of Software	173	54	119	552	197	355
信息工程研究所 Inst. of Information Engineering						
半导体研究所 Inst. of Semiconductors	211	97	114	548	284	264
微电子研究所 Inst. of Microelectronics	93	32	61	347	78	269
电子学研究所 Inst. of Electronics	167	66	101	515	234	281

授予博士学位 Doctor's degree				授予硕士学位 Master's degree			
合计 Total	理学 Natural sciences	工学 Engineering sciences	其他 Others	合计 Total	理学 Natural sciences	工学 Engineering sciences	其他 Others
7	7			8	8		
94	94			15	15		
50	48	2		24	19	5	
88	88			54	54		
72	72			27	27		
34	34			48	48		
50	50			25	25		
102	101		1	12	12		
84	84			17	17		
30	30			18	18		
109		109		197		161	36
5		5		30		30	
32		32		79		79	
92	15	77		49	4	45	
27		27		31		31	
61		61		58		58	

招 生 单 位 Institution	录取研究生 Enrollment in 2011			在学研究生 Total enrollment		
	合 计 Total	博 士 Doctor's degree	硕 士 Master's degree	合 计 Total	博 士 Doctor's degree	硕 士 Master's degree
电工研究所 Inst. of Electric Engineering	87	34	53	270	128	142
工程热物理研究所 Inst. of Engineering Thermophysics	74	28	46	257	116	141
空间科学与应用研究中心 Center for Space Science and Applied Research	101	32	69	300	113	187
自动化研究所 Inst. of Automation	200	100	100	608	351	257
对地观测与数字地球科学中心 Center for Earth Observation and Digital Earth	48	12	36	184	42	142
自然科学史研究所 Inst. of History of Natural Sciences	20	10	10	69	38	31
科技政策与管理科学研究所 Inst. of Policy and Management	38	19	19	128	71	57
国家科学图书馆（筹） National Science Library	48	16	32	149	55	94
中国科学院研究生院 Graduate University of Chinese Academy of Sciences	844	175	669	2188	598	1590
青藏高原研究所 Inst. of Qinghai-Tibet Plateau	43	18	25	131	62	69
国家纳米科学中心 National Center for Nanoscience Technology	62	30	32	177	96	81
光电研究院 Academy of Opto-Electronics	55	10	45	174	36	138
天津市 Tianjin	18	5	13	35	10	25
天津工业生物技术研究所（筹） Tianjin Inst. of Industrial Biotechnology	18	5	13	35	10	25
河北省 Hebei Province	25	10	15	61	27	34
渗流流体力学研究所 Inst. of Osmotic Mechanics	25	10	15	61	27	34
山西省 Shanxi Province	101	46	55	287	151	136

续表 7-3

授予博士学位 Doctor's degree				授予硕士学位 Master's degree			
合 计 Total	理 学 Natural sciences	工 学 Enginee-ring sciences	其 他 Others	合 计 Total	理 学 Natural sciences	工 学 Enginee-ring sciences	其 他 Others
30		30		33		33	
22		22		21		21	
37	20	17		40	11	29	
100		100		60		44	16
6	6			30	19	11	
10	7		3	9	7		2
25			25	17			17
12			12	32			32
48	25	14	9	229	69	64	96
18	18			10	10		
19	17	2		6	6		
3		3		33		33	
16		16		10		10	
16		16		10		10	
45	18	27		22	7	15	

招生单位 Institution	录取研究生 Enrollment in 2011			在学研究生 Total enrollment		
	合计 Total	博士 Doctor's degree	硕士 Master's degree	合计 Total	博士 Doctor's degree	硕士 Master's degree
山西煤炭化学研究所 Shanxi Inst. of Coal Chemistry	101	46	55	287	151	136
辽宁省、山东省 Liaoning and Shandong Provinces	987	447	540	3035	1568	1467
大连化学物理研究所 Dalian Inst. of Chemical Physics	263	143	120	760	505	255
沈阳应用生态研究所 Shenyang Inst. of Applied Ecology	109	47	62	328	147	181
中国科学院沈阳计算技术研究所有限公司 CAS Shenyang Computing Technology Co., Ltd.	58	5	53	181	19	162
沈阳自动化研究所 Shenyang Inst. of Automation	100	38	62	337	175	162
金属研究所 Inst. of Metals Research	201	97	104	657	382	275
海洋研究所 Inst. of Oceanology	167	77	90	493	208	285
青岛生物能源与过程研究所 Qingdao Inst. of Bioenergy and Bioprocess Technology	42	20	22	133	70	63
烟台海岸带研究所 Yantai Inst. of Coastal Zone Research	47	20	27	146	62	84
吉林省 Jilin Province	615	289	326	1737	938	799
长春光学精密机械与物理研究所 Changchun Inst. of Optics, Fine Mechanics and Physics	328	137	191	865	420	445
长春应用化学研究所 Changchun Inst. of Applied Chemistry	229	122	107	701	419	282
东北地理与农业生态研究所 Northeast Inst. of Geography and Agroecology	58	30	28	171	99	72
上海市、福建省、浙江省 Shanghai, Fujian and Zhejiang Province	1866	751	1067	5313	2486	2660
上海应用物理研究所 Shanghai Inst. of Applied Physics	118	48	70	346	167	179
上海天文台 Shanghai Observatory	42	18	24	130	62	68

续表 7-3

授予博士学位 Doctor's degree				授予硕士学位 Master's degree			
合计 Total	理学 Natural sciences	工学 Engineering sciences	其他 Others	合计 Total	理学 Natural sciences	工学 Engineering sciences	其他 Others
45	18	27		22	7	15	
375	172	196	7	300	89	153	58
121	72	49		15	8	7	
32	27		5	45	36	5	4
7		7		56		44	12
31		31		38		38	
89		89		74		36	38
82	73	7	2	44	37	3	4
				10	3	7	
13		13		18	5	13	
268	192	76		127	35	92	
128	52	76		102	10	92	
114	114			12	12		
26	26			13	13		
664	440	224		289	132	157	
38	25	13		43	19	24	
15	15			14	14		

招 生 单 位 Institution	录取研究生 Enrollment in 2011			在学研究生 Total enrollment		
	合 计 Total	博 士 Doctor's degree	硕 士 Master's degree	合 计 Total	博 士 Doctor's degree	硕 士 Master's degree
上海硅酸盐研究所 Shanghai Inst. of Ceramics	156	59	97	417	179	238
上海有机化学研究所 Shanghai Inst. of Organic Chemistry	173	73	100	455	174	281
上海药物研究所 Shanghai Inst. of Materia Medica	161	70	91	424	221	203
上海生命科学研究院 Shanghai Institutes for Biological Sciences	506	243	263	1510	957	553
上海微系统与信息技术研究所 Shanghai Inst. of Microsystem and Information Technology	171	62	109	397	178	219
上海光学精密机械研究所 Shanghai Inst. of Optics and Fine Mechanics	155	68	87	463	207	256
上海技术物理研究所 Shanghai Inst. of Technical Physics	124	54	70	350	166	184
福建物质结构研究所 Fujian Inst. of Research on the Structure of Matter	112	44	68	327	140	187
宁波材料技术与工程研究所 Ningbo Inst. of Material Technology and Engineering	62	25	37	204	73	131
上海巴斯德研究所 Inst. Pasteur of Shanghai	37	14	23	90	46	44
城市环境研究所 Inst. of Urban Environment	49	21	28	163	75	88
上海高等研究院（筹） Shanghai Advanced Research Institute				37	8	29
江苏省 Jiangsu Province	253	115	138	757	357	400
紫金山天文台 Purple Mountain Observatory	36	14	22	101	48	53
南京地理与湖泊研究所 Nanjing Inst. of Geography and Limnology	55	29	26	160	88	72
南京地质古生物研究所 Nanjing Inst. of Geology and Palaeontology	23	10	13	61	25	36
南京土壤研究所 Nanjing Inst. of Soil Science	88	42	46	269	141	128

授予博士学位 Doctor's degree				授予硕士学位 Master's degree			
合计 Total	理学 Natural sciences	工学 Enginee-ring sciences	其他 Others	合计 Total	理学 Natural sciences	工学 Enginee-ring sciences	其他 Others
59	1	58		26	3	23	
67	67			18	18		
59	59			13	13		
191	191			28	28		
40		40		37		37	
68	21	47		35	2	33	
64	18	46		23	9	14	
45	36	9		26	15	11	
13	2	11		22	7	15	
5	5			4	4		
78	53	2	23	83	67	1	15
9	9			17	17		
23	23			21	21		
8	8			10	10		
36	13		23	31	16		15

招生单位 Institution	录取研究生 Enrollment in 2011			在学研究生 Total enrollment		
	合计 Total	博士 Doctor's degree	硕士 Master's degree	合计 Total	博士 Doctor's degree	硕士 Master's degree
南京中科天文仪器有限公司 CAS Nanjing Astronomic Instrument Co., Ltd.	2		2	6		6
苏州纳米技术与纳米仿生研究所 Suzhou Institute of Nano-Tech and Nano-Bionics	49	20	29	160	55	105
苏州生物医学工程技术研究所 Suzhou Inst. of Biomedical Engineering and Technology						
安徽省 Anhui Province	4400	977	3423	11685	3237	8448
合肥物质科学研究院 Hefei Institutes of Physical Sciences	341	134	207	1034	467	567
中国科学技术大学 University of Science and Technology of China	4059	843	3216	10651	2770	7881
湖北省 Hubei Province	488	204	284	1449	689	760
武汉物理与数学研究所 Wuhan Inst. of Physics and Mathematics	91	39	52	251	132	119
武汉岩土力学研究所 Wuhan Inst. of Rock and Soil Mechanics	70	33	37	208	98	110
测量与地球物理研究所 Inst. of Geodesy and Geophysics	39	14	25	117	55	62
武汉植物园 Wuhan Botanical Garden	46	17	29	152	62	90
水生生物研究所 Inst. of Hydrobiology	161	66	95	484	229	255
武汉病毒研究所 Wuhan Inst. of Virology	81	35	46	237	113	124
广东省、湖南省 Guangdong and Hunan Provinces	600	247	353	1858	849	1009
中科院广州化学有限公司 CAS Guangzhou Chemistry Co., Ltd.	28	10	18	82	26	56
广州地球化学研究所 Guangzhou Inst. of Geochemistry	165	86	79	515	332	183
南海海洋研究所 South China Sea Inst. of Oceanology	95	39	56	292	127	165
华南植物园 South China Botanical Garden	102	35	67	314	111	203

续表 7-3

授予博士学位 Doctor's degree				授予硕士学位 Master's degree			
合计 Total	理学 Natural sciences	工学 Enginee-ring sciences	其他 Others	合计 Total	理学 Natural sciences	工学 Enginee-ring sciences	其他 Others
				3	3		
2		2		1		1	
692	360	294	38	1743	327	524	892
119	81	38		119	66	53	
573	279	256	38	1624	261	471	892
175	143	32		135	107	28	
43	43			21	21		
26		26		21		21	
9	3	6		14	7	7	
12	12			15	15		
51	51			33	33		
34	34			31	31		
189	175	14		174	126	37	11
9	9			10	8	2	
66	64	2		23	20	3	
38	38			45	43		2
36	36			35	29		6

招生单位 Institution	录取研究生 Enrollment in 2011			在学研究生 Total enrollment		
	合计 Total	博士 Doctor's degree	硕士 Master's degree	合计 Total	博士 Doctor's degree	硕士 Master's degree
广州能源研究所 Guangzhou Inst. of Energy Conversion	54	17	37	155	52	103
亚热带农业生态研究所 Inst. of Subtropical Agriculture	39	15	24	129	55	74
广州生物医药与健康研究院 Guangzhou Institutes of Biomedicine and Health	52	23	29	140	75	65
深圳先进技术研究院 Shenzhen Institutes of Advanced Technology	65	22	43	231	71	160
四川省 Sichuan Province	362	151	211	1043	481	562
中国科学院成都有机化学有限公司 CAS Chengdu Organic Chemistry Co., Ltd.	54	27	27	157	89	68
成都山地灾害与环境研究所 Chengdu Inst. of Mountain Hazards and Environment	64	31	33	175	86	89
成都生物研究所 Chengdu Inst. of Biology	92	38	54	277	122	155
中科院成都信息技术有限公司 CAS Chengdu Information Technology Co., Ltd.	34	12	22	106	44	62
光电技术研究所 Inst. of Optics and Electronics	118	43	75	328	140	188
云南省、贵州省 Yunnan and Guizhou Provinces	380	161	219	1136	514	622
云南天文台 Yunnan Astronomical Observatory	37	15	22	116	50	66
昆明植物研究所 Kunming Inst. of Botany	106	49	57	318	147	171
西双版纳热带植物园 Xishuangbanna Tropical Botanical Garden	56	17	39	188	63	125
昆明动物研究所 Kunming Inst. of Zoology	86	39	47	237	111	126
地球化学研究所 Inst. of Geochemistry	95	41	54	277	143	134

续表 7-3

授予博士学位 Doctor's degree				授予硕士学位 Master's degree			
合计 Total	理学 Natural sciences	工学 Engineering sciences	其他 Others	合计 Total	理学 Natural sciences	工学 Engineering sciences	其他 Others
12		12		27		27	
11	11			15	12		3
17	17			14	14		
				5		5	
126	66	60		121	67	52	2
21	15	6		13	11	2	
26	21	5		18	11	5	2
30	30			45	43	2	
12		12		17	2	15	
37		37		28		28	
128	128			103	103		
11	11			11	11		
39	39			29	29		
12	12			27	27		
32	32			23	23		
34	34			13	13		

招生单位 Institution	录取研究生 Enrollment in 2011			在学研究生 Total enrollment		
	合计 Total	博士 Doctor's degree	硕士 Master's degree	合计 Total	博士 Doctor's degree	硕士 Master's degree
陕西省 Shaanxi Province	242	92	150	770	315	455
国家授时中心 National Time Service Center	42	14	28	142	44	98
水土保持与生态环境研究中心 Research Center of Soil of Water Conservation and Eco-Environmental Science	47	21	26	148	74	74
西安光学精密机械研究所 Xi'an Inst. of Optics and Precision Mechanics	121	43	78	387	154	233
地球环境研究所 Inst. of Earth Environment	32	14	18	93	43	50
甘肃省、青海省 Gansu and Qinghai Provinces	425	196	229	1333	674	659
近代物理研究所 Inst. of Modern Physics	94	40	54	256	132	124
兰州化学物理研究所 Lanzhou Inst. of Chemical Physics	100	54	46	324	179	145
兰州油气资源研究中心 Lanzhou Center for Oil and Gas Resources	18	8	10	56	28	28
青海盐湖研究所 Qinghai Inst. of Saline Lakes	36	11	25	114	32	82
西北高原生物研究所 Northwest Inst. of Plateau Biology	47	16	31	138	49	89
寒区旱区环境与工程研究所 Cold and Arid Regions Environmental and Engineering Research Inst.	130	67	63	445	254	191
新疆维吾尔自治区 Xinjiang Uygur Autonomous Region	186	120	66	570	233	337
乌鲁木齐天文站 ürümqi Astromomical Observatorial Station	14	4	10	42	10	32
新疆理化技术研究所 Xinjiang Technical Inst. of Physics and Chemistry	67	25	42	198	79	119
新疆生态与地理研究所 Xinjiang Inst. of Ecology and Geography	105	37	68	330	144	186

授予博士学位 Doctor's degree				授予硕士学位 Master's degree			
合 计 Total	理 学 Natural sciences	工 学 Engineering sciences	其 他 Others	合 计 Total	理 学 Natural sciences	工 学 Engineering sciences	其 他 Others
64	39	17	8	101	24	63	14
6	6			20	3	17	
16	8		8	18	4		14
34	17	17		53	7	46	
8	8			10	10		
159	129	30		142	126	16	
30	18	12		26	22	4	
44	35	9		19	14	5	
4	4			9	9		
13	13			26	23	3	
12	12			23	23		
56	47	9		39	35	4	
37	33	4		100	68	24	8
2	2			9	9		
6	2	4		32	8	24	
29	29			59	51		8

7-4　中国科学院院长奖学金获奖情况

Statistics of CAS President's Scholarship

单位：人 (person)

年 份 Year	获特别奖人数 Number of special awards	获优秀奖人数 Number of excellence awards
1989	8	136
1990	10	145
1991	10	142
1992	9	154
1993	10	154
1994	15	151
1995	16	152
1996	20	150
1997	20	149
1998	20	150
1999	20	150
2000	20	149
2001	19	151
2002	20	150
2003	20	200
2004	20	199
2005	20	196
2006	20	199
2007	20	200
2008	20	200
2009	20	200
2010	20	200
2011	50	300

7-5 博士后情况(2011 年)

Statistics of Postdoctors: 2011

单位：人　　　　(person)

单位 Institutions	在站博士后人数 Number of postdoctoral fellows	其中：外籍博士后在站人数 Of which: Number of postdoctors with foreign citizenship	当年进站博士后人数 Number of postdoctors enrolled in 2011	其中：外籍博士后进站人数 Of which: Number of postdoctors with foreign citizenship	当年出站博士后人数 Number of postdoctors completed research successfully in 2011
总　计 Total	**3394**	**75**	**1280**	**35**	**718**
北京市 Beijing	1540	28	600	13	368
数学与系统科学研究院 Academy of Mathematics and Systems Science	68	1	36		25
物理研究所 Inst. of Physics	28		12		
声学研究所 Inst. of Acoustics	27		14		4
理论物理研究所 Inst. of Theoretical Physics	14	1	6		6
高能物理研究所 Inst. of High Energy Physics	50	5	17	2	30
国家天文台 National Astronomical Observatories of China	45		16		6
力学研究所 Inst. of Mechanics	21		4		10
化学研究所 Inst. of Chemistry	71	2	29		28
理化技术研究所 Technical Inst. of Physics and Chemistry	25		10		9
生态环境研究中心 Research Center for Eco-Environmental Sciences	109	2	48	1	26
过程工程研究所 Inst. of Process Engineering	29		13		6
地理科学与资源研究所 Inst. of Geographic Sciences and Natural Resources Research	156	3	57	2	37

续表 7-5

单位 Institutions	在站博士后人数 Number of postdoctoral fellows	其中：外籍博士后在站人数 Of which: Number of postdoctors with foreign citizenship	当年进站博士后人数 Number of postdoctors enrolled in 2011	其中：外籍博士后进站人数 Of which: Number of postdoctors with foreign citizenship	当年出站博士后人数 Number of postdoctors completed research successfully in 2011
遥感应用研究所 Inst. of Remote Sensing Application	39		15		4
地质与地球物理研究所 Inst. of Geology and Geophysics	108	2	38	1	17
古脊椎动物与古人类研究所 Inst. of Vertebrate Paleontology and Paleoanthropology	10	3	4	1	1
大气物理研究所 Inst. of Atmospheric Physics	21	1	7	1	4
植物研究所 Inst. of Botany	47		10		12
动物研究所 Inst. of Zoology	96		43		12
心理研究所 Inst. of Psychology	18		4		7
微生物研究所 Inst. of Microbiology	57	2	17	2	7
生物物理研究所 Inst. of Biophysics	50		14		10
遗传与发育生物学研究所 Inst.of Genetics and Developmental Biology	89	3	52	2	16
北京基因组研究所 Beijing Inst.of Genomics	7	1	4	1	
计算技术研究所 Inst. of Computing Technology	26		12		6
软件研究所 Inst. of Software	21		6		4
半导体研究所 Inst. of Semiconductors	28	1	8		10
电工研究所 Inst. of Electrical Engineering	15		6		6
自动化研究所 Inst. of Automation	54		18		13
对地观测与数字地球科学中心 Center for Earth Observation and Digital Earth	1		1		
电子学研究所 Inst. of Electronics	4		3		1

续表 7-5

单位 Institutions	在站博士后人数 Number of postdoctoral fellows	其中：外籍博士后在站人数 Of which: Number of postdoctors with foreign citizenship	当年进站博士后人数 Number of postdoctors enrolled in 2011	其中：外籍博士后进站人数 Of which: Number of postdoctors with foreign citizenship	当年出站博士后人数 Number of postdoctors completed research successfully in 2011
工程热物理研究所 Inst. of Engineering Thermophysics	8		2		2
空间科学与应用研究中心 Center for Space Science and Applied Research	10		6		6
自然科学史研究所 Inst. of History of Natural Sciences	2		2		2
微电子研究所 Inst. of Microelectronics	13		5		9
科技政策与管理科学研究所 Inst. of Policy and Management	27		9		
青藏高原研究所 Inst. of Qinghai-Tibet Plateau	28		11		6
国家纳米科学中心 National Center for Nano Science and Technology of China	19		3		
光电研究院 Academy of Opto-Electronics	1				
中国科学院研究生院 Graduate University of Chinese Academy of Sciences	98	1	38		26
山西省 Shanxi Province	3		1		
山西煤炭化学研究所 Shanxi Inst. of Coal Chemistry	3		1		
辽宁省、山东省 Liaoning and Shandong Provinces	226	3	71	2	48
大连化学物理研究所 Dalian Inst. of Chemical Physics	89	3	36	2	14
沈阳应用生态研究所 Shenyang Inst. of Applied Ecology	25		3		6
金属研究所 Inst. of Metal Research	36		11		13
沈阳自动化研究所 Shenyang Inst. of Automation	25		4		4
海洋研究所 Inst. of Oceanology	51		17		11

续表 7-5

单位 Institutions	在站博士后人数 Number of postdoctoral fellows	其中：外籍博士后在站人数 Of which: Number of postdoctors with foreign citizenship	当年进站博士后人数 Number of postdoctors enrolled in 2011	其中：外籍博士后进站人数 Of which: Number of postdoctors with foreign citizenship	当年出站博士后人数 Number of postdoctors completed research successfully in 2011
吉林省 Jilin Province	162		61		3
长春应用化学研究所 Changchun Inst. of Applied Chemistry	106		46		
长春光学精密机械与物理研究所 Changchun Inst. of Optics，Fine Mechanics and Physics	39		5		
东北地理与农业生态研究所 Northeast Inst. of Geography and Agroecology	17		10		3
上海市、福建省、浙江省 Shanghai、Fujian Province and Zhejiang Province	384	16	157	7	128
上海应用物理研究所 Shanghai Inst. of Applied Physics	21		6		11
上海天文台 Shanghai Observatory	21	8	10	4	6
上海硅酸盐研究所 Shanghai Inst. of Ceramics	11		2		11
上海有机化学研究所 Shanghai Inst. of Organic Chemistry	15		8		12
上海药物研究所 Shanghai Inst. of Materia Medica	37		17		11
上海生命科学研究院 Shanghai Institutes for Biological Sciences	154	7	58	2	44
上海微系统与信息技术研究所 Shanghai Inst. of Microsystem and Information Technology	19		3		7
上海光学精密机械研究所 Shanghai Inst. of Optics and Fine Mechanics	8		3		2
上海技术物理研究所 Shanghai Inst. of Technical Physics	17		7		1
福建物质结构研究所 Fujian Inst. of Research on the Structure of Matter	11	1	6	1	4
宁波材料技术与工程研究所 Ningbo Inst. of Material Technology and Engineering	56		32		17

续表 7-5

单位 Institutions	在站博士后人数 Number of postdoctoral fellows	其中：外籍博士后在站人数 Of which: Number of postdoctors with foreign citizenship	当年进站博士后人数 Number of postdoctors enrolled in 2011	其中：外籍博士后进站人数 Of which: Number of postdoctors with foreign citizenship	当年出站博士后人数 Number of postdoctors completed research successfully in 2011
城市环境研究所 Inst. of Urban Environment	14		5		2
江苏省 Jiangsu Province	120	4	48	1	28
紫金山天文台 Purple Mountain Observatory	9		5		3
南京地理与湖泊研究所 Nanjing Inst. of Geography and Limnology	19		6		8
南京地质古生物研究所 Nanjing Inst. of Geology and Palaeontology	11	4	4	1	1
南京土壤研究所 Nanjing Inst. of Soil Science	25		6		
苏州纳米技术与纳米仿生研究所 Suzhou Inst. of Nano-Tech and Nano-Bionics	56		27		16
安徽省 Anhui Province	479	7	179	2	90
合肥物质科学研究院 Hefei Institutes of Physical Sciences	64		19		8
中国科学技术大学 University of Science and Technology of China	415	7	160	2	82
湖北省 Hubei Province	85	2	39	2	9
武汉物理与数学研究所 Wuhan Inst. of Physics and Mathematics	22		12		7
水生生物研究所 Inst. of Hydrobiology	33	2	12	2	1
武汉病毒研究所 Wuhan Inst. of Virology	5		2		1
测量与地球物理研究所 Inst. of Geodesy and Geophysics	2				
武汉岩土力学研究所 Wuhan Inst. of Rock and Soil Mechanics	18		11		
武汉植物园 Wuhan Botanical Garden	5		2		

续表 7-5

单位 Institutions	在站博士后人数 Number of postdoctoral fellows	其中：外籍博士后在站人数 Of which: Number of postdoctors with foreign citizenship	当年进站博士后人数 Number of postdoctors enrolled in 2011	其中：外籍博士后进站人数 Of which: Number of postdoctors with foreign citizenship	当年出站博士后人数 Number of postdoctors completed research successfully in 2011
广东省、湖南省 Guangdong and Hunan Provinces	136	4	59	4	18
广州地球化学研究所 Guangzhou Inst. of Geochemistry	42		24		
南海海洋研究所 South China Sea Inst. of Oceanology	25	2	14	2	8
华南植物园 South China Botanical Garden	25	1	8	1	2
亚热带农业生态研究所 Inst. of Subtropical Agriculture	1		1		
广州能源研究所 Guangzhou Inst. of Energy Conversion	6		2		
深圳先进技术研究院 Shenzhen Institutes of Advanced Technology	37	1	10	1	8
云南省、贵州省 Yunnan and Guizhou Provinces	69	6	21	4	18
地球化学研究所 Inst. of Geochemistry	26	2	7		10
昆明植物研究所 Kunming Inst. of Botany	14		3	1	3
昆明动物研究所 Kunming Inst. of Zoology	20		6		2
西双版纳热带植物园 Xishuangbanna Tropical Botanical Garden	9	4	5	3	3
四川省 Sichuan Province	30	1	8		3
成都山地灾害与环境研究所 Chengdu Inst. of Mountain Hazards and Environment	8		1		
成都生物研究所 Chengdu Inst. of Biology	19	1	7		
光电技术研究所 Inst. of Optics and Electronics	3				3

续表 7-5

单位 Institutions	在站博士后人数 Number of postdoctoral fellows	其中：外籍博士后在站人数 Of which: Number of postdoctors with foreign citizenship	当年进站博士后人数 Number of postdoctors enrolled in 2011	其中：外籍博士后进站人数 Of which: Number of postdoctors with foreign citizenship	当年出站博士后人数 Number of postdoctors completed research successfully in 2011
陕西省 Shaanxi Province	24	2	10		1
西安光学精密机械研究所 Xi'an Inst. of Optics and Precision Mechanics	15		4		1
地球环境研究所 Inst. of Earth Environment	9	2	4		
国家授时中心 National Time Service Center			2		
甘肃省、青海省 Gansu and Qinghai Provinces	107		15		4
近代物理研究所 Inst. of Modern Physics	7		1		
兰州化学物理研究所 Lanzhou Inst. of Chemical Physics	14		3		4
寒区旱区环境与工程研究所 Cold and Arid Regions Environmental and Engineering Research Inst.	74		8		
青海盐湖研究所 Qinghai Inst. of Saline Lakes	6		2		
西北高原生物研究所 Northwest Inst. of Plateau Biology	6		1		
新疆维吾尔自治区 Xinjiang Uygur Autonomous Region	29	2	11		
新疆理化技术研究所 Xinjiang Technical Inst. of Physics and Chemistry	4		2		
新疆生态与地理研究所 Xinjiang Inst. of Ecology and Geography	25	2	9		

7-6　派往国外及香港地区留学人员情况

Statistics of Students and Visiting Scholars Sent Abroad and to Hong Kong Special Administrative Region

单位：人　　(person)

年份 Year	派出总人数 Total number of persons sent abroad	访问学者 Visiting scholars	研究生 Graduate students	回国人数 Number of people returned
1979	588	489	99	408
1980	651	520	131	517
1981	725	566	159	536
1982	520	395	125	186
1983	559	389	170	36
1984	435	325	110	549
1985	779	555	224	302
1986	919	504	415	317
1987	710	420	290	295
1988	591	373	218	214
1989	410	355	55	199
1990	360	325	35	70
1991	326	313	13	113
1992	389	366	23	226
1993	373	346	27	230
1994	409	378	31	347
1995	415	369	46	322
1996	357	308	49	293
1997	361	331	30	308
1998	432	383	49	543
1999	378	340	38	464
2000	528	447	81	492
2001	401	307	94	360
2002	412	315	97	330
2003	427	351	76	329
2004	313	252	61	298
2005	314	275	39	251
2006	276	272	4	227
2007	311	263	48	242
2008	571	518	53	526
2009	564	517	47	190
2010	516	311	205	178
2011	474	227	247	184

7-7　派往国外及香港地区留学人员情况（2011 年）

Statistics of Students and Visiting Scholars Sent Abroad and to Hong Kong Special Administrative Region: 2011

单位：人　　　　(person)

派往国家和地区 Country and region	当年派出人数 Number of people sent abroad in current year			年龄组 Age group			研究课题性质 Field of study		
	总计 Total	访问学者 Visiting scholars	研究生 Graduate students	30 岁以下 Under 30	30~40 岁 30~40	40 岁以上 Over 40	基础 Basic	应用 Applied	其他 Others
合计 Total	**474**	**227**	**247**	**253**	**184**	**37**	**146**	**32**	**296**
美国 USA	173	129	44	50	104	19	84	21	68
加拿大 Canada	30	18	12	12	12	6	11	3	16
英国 England	40	24	16	16	21	3	16	3	21
法国 France	35	5	30	31	4		5		30
德国 Germany	119	12	107	107	11	1	8	2	109
日本 Japan	11	5	6	6	2	3	1		10
澳大利亚 Australia	32	19	13	13	17	2	9	2	21
荷兰 Netherlands	8	2	6	6	2		2		6
瑞典 Sweden	1	1			1		1		
新加坡 Singapore									
其他 Others	25	12	13	12	10	3	9	1	15

7-8 职工继续教育

Statistics of Staff Continued Education and

单位：人次

单 位 Unit	总 计 Total	技能培训 Skill training		科技知识 S&T knowledge			
		外语培训 Foreign languages	计算机培训 Computer	专业高级研讨班 S&T seminar	学术会议 Academic meeting	科技讲座 S&T lecture	国内地区进修 Inland advanced study
合 计 Total	**296356**	**1972**	**5269**	**19111**	**56713**	**84883**	**2592**
一、地区培训 By region							
北京地区 Beijing region	110862	710	2212	8738	22556	33081	894
沈阳地区 Shenyang region	29490	347	1390	1805	5033	12173	136
长春地区 Changchun region	11812	407	417	818	1049	2943	75
上海地区 Shanghai region	34343	38	348	3619	8855	9259	822
南京地区 Nanjing region	21208	26	123	444	2870	3504	73
合肥地区 Hefei region	8848	3	15	334	3628	2189	1
武汉地区 Wuhan region	14623	55	92	1006	2664	6350	66
广州地区 Guangzhou region	5653	38	48	230	876	2358	269

和社会培训情况(2011 年)

Personnel Trained for the Society:2011

(person · time)

技术岗位培训 Technical training	管理干部培训 Training for administrator	在职攻读学位 Study for degrees at job	为社会培训 Trained for the society	其他培训 Other training
39767	**26351**	**1143**	**39179**	**19376**
17347	7606	368	10546	6804
2561	1364	60	2138	2483
4731	728	41	282	321
4120	3611	174	330	3167
4349	997	23	8092	707
1836	818	24		
622	1981	20	1160	607
235	436	38	952	173

单 位 Unit	总 计 Total	技能培训 Skill training		科技知识 S&T knowledge			
		外语培训 Foreign languages	计算机培训 Computer	专业高级研讨班 S&T seminar	学术会议 Academic meeting	科技讲座 S&T lecture	国内地区进修 Inland advanced study
成都地区 Chengdu region	9390	5	30	694	1632	1031	6
昆明地区 Kunming region	16156	11	153	213	3710	7733	55
西安地区 Xi'an region	8076	4	2	318	331	1666	7
兰州地区 Lanzhou region	10488	135	263	690	1979	1382	129
新疆地区 Xinjiang region	5326	5	42	98	460	340	17
二、院校培训 By College							
中国科学院研究生院 Graduate University of Chinese Academy of Sciences	5331	110	50	60	200	60	12
中国科学技术大学 University of Science and Technology of China	4750	78	84	44	870	814	30

续表 7-8

技术岗位培训 Technical training	管理干部培训 Training for administrator	在职攻读学位 Study for degrees at job	为社会培训 Trained for the society	其他培训 Other training
752	1682	37	1380	2141
837	1742	46	986	670
1475	1647	109	1549	968
691	2313	161	2266	479
70	726	14	3098	456
13	120	6	4300	400
128	580	22	2100	

7-9 中国科学院“百人计划”招聘情况

Status on the Recruitment of CAS Hundred Talents Program

年 份 Year	招聘人数 Number of scholars selected	招聘类别 Types of recruitment				
		引进国外杰出人才 Bring in outstanding talents from abroad	国内“百人计划” Domestic “Hundred Talents Program”	项目“百人计划” Project “Hundred Talents Program”	自筹“百人计划” Self-financing “Hundred Talents Program”	海外知名学者 Introduce overseas celebrated scholars
合计	**2592**	**1698**	**313**	**142**	**15**	**424**
1994	14		14			
1995	20		20			
1996	28		28			
1997	88	19	69			
1998	104	72	32			
1999	115	102	13			
2000	203	190	13			
2001	133	105	11			17
2002	134	86	23			25
2003	92	75	9			8
2004	236	156	19			61
2005	292	162	17			113
2006	90	80	10			
2007	59	57	2			
2008	254	147	15	33		59
2009	299	176	10	45		68
2010	289	160	5	51		73
2011	142	111	3	13	15	

注：1.“百人计划”是我院引进优秀人才计划的总称，从 1997 年起，它分为“引进国外杰出人才”计划和国内“百人计划”两部分；从 2001 年起，增设“海外知名学者”计划；从 2007 年起增设项目“百人计划”；2011 年开始正式设立自筹“百人计划”。

Note: “Hundred Talents Program” is a general term for the recruitment of excellent talents to CAS. Since 1997, it has been expanded into two forms of the programs: “Outstanding Talents from aboard” and “Domestic Hundred Talents Program”.Two another programs were added into it. One is called “Established Overseas Scholars” created in 2001, and the other is called “Project-Based Hundred Talents Program” established in 2007.Beginning in 2011 the formal establishment of Self-financing “HTP”.

2. 以上数据为各年度招聘数据，含在过程中已被取消“百人计划”资格的人员。

The above data for the annual recruitment data, including in the process has been cancelled“Hundred Talents Program” qualified personnel.

7-10 中国科学院“百人计划”各单位招聘情况
Status on the Recruitment of CAS Hundred Talents Program, by Institution

单 位 Unit	招聘人数 Introduced talents
总 计 **Total**	**2592**
北京市 Beijing	1016
数学与系统科学研究院 Academy of Mathematics and Systems Science	41
物理研究所 Inst. of Physics	90
声学研究所 Inst. of Acoustics	17
理论物理研究所 Inst. of Theoretical Physics	21
理化技术研究所 Technical Inst. of Physics and Chemistry	25
高能物理研究所 Inst. of High Energy Physics	40
国家天文台 National Astronomical Observatories of China	32
力学研究所 Inst. of Mechanics	21
化学研究所 Inst. of Chemistry	80
生态环境研究中心 Research Center for Eco-Environmental Sciences	29
国家纳米科学中心 National Center for Nanoscience and Technology	16
过程工程研究所 Inst. of Process Engineering	29
地理科学与资源研究所 Inst. of Geographic Sciences and Natural Resources Research	32
青藏高原研究所 Inst.of Qinghai-Tibet Plateau	17
地质与地球物理研究所 Inst. of Geology and Geophysics	27
古脊椎动物与古人类研究所 Inst. of Vertebrate Paleontology and Paleoanthropology	10
大气物理研究所 Inst. of Atmospheric Physics	28

续表 7-10

单　位 Unit	招聘人数 Introduced talents
遥感应用研究所 Inst. of Remote Sensing Application	8
植物研究所 Inst. of Botany	40
动物研究所 Inst. of Zoology	35
心理研究所 Inst. of Psychology	13
微生物研究所 Inst. of Microbiology	33
生物物理研究所 Inst. of Biophysics	38
遗传与发育生物学研究所 Inst. of Genetics and Developmental Biology	57
北京基因组研究所 Beijing Inst. of Genetics	15
计算技术研究所 Inst. of Computing Technology	18
软件研究所 Inst. of Software	9
信息工程研究所 Inst. of Information Engineering	
半导体研究所 Inst. of Semiconductors	22
微电子研究所 Inst. of Microelectronics	25
电子学研究所 Inst. of Electronics	15
光电研究院 Academy of Opto-Electronics	2
电工研究所 Inst. of Electrical Engineering	13
工程热物理研究所 Inst. of Engineering Thermophysics	14
空间科学与应用研究中心 Center for Space Science and Applied Research	15
自动化研究所 Inst. of Automation	25
对地观测与数字地球科学中心 Center for Earth Observation and Digital Earth	1
自然科学史研究所 Inst. of History of Natural Sciences	2

续表 7-10

单　位 Unit	招聘人数 Introduced talents
中国科学院研究生院 Graduate University of the Chinese Academy of Sciences	43
北京生命科学研究院 National Inst. of Biological Sciences, Beijing	1
天津市 　　Tianjin	17
天津工业生物技术研究所（筹） Tianjin Inst. of Industrial Biotechnology	17
山西省 　　Shanxi Province	9
山西煤炭化学研究所 Shanxi Inst. of Coal Chemistry	9
辽宁省、山东省 　　Liaoning and Shandong Provinces	201
大连化学物理研究所 Dalian Inst. of Chemical Physics	68
沈阳应用生态研究所 Shenyang Inst. of Applied Ecology	19
沈阳自动化研究所 Shenyang Inst. of Automation	9
金属研究所 Inst. of Metals Research	48
海洋研究所 Inst. of Oceanology	29
青岛生物能源与过程研究所 QingDao Inst. of BioEnergy and BioProcess Technology	17
烟台海岸带研究所 Yantai Inst. of Coastal Zone Research	11
吉林省 　　Jilin Province	75
长春应用化学研究所 Changchun Inst. of Applied Chemistry	42
东北地理与农业生态研究所 Northeast Inst. of Geography and Agroecology	15
长春光学精密机械与物理研究所 Changchun Inst. of Optics，Fine Mechanics and Physics	18
上海市、福建省 　　Shanghai,Fujian Provinces	452
上海应用物理研究所 Shanghai Inst. of Applied Physics	18
上海天文台 Shanghai Observatory	19
上海硅酸盐研究所 Shanghai Inst. of Ceramics	36

续表 7-10

单位 Unit	招聘人数 Introduced talents
上海有机化学研究所 Shanghai Inst. of Organic Chemistry	41
上海生命科学研究院 Shanghai Institutes for Biological Sciences	177
上海药物研究所 Shanghai Inst. of Materia Medica	15
上海巴斯德研究所 Inst. Pasteur of Shanghai	8
上海微系统与信息技术研究所 Shanghai Inst. of Microsystem and Information Technology	21
上海光学精密机械研究所 Shanghai Inst. of Optics and Fine Mechanics	35
上海技术物理研究所 Shanghai Inst. of Technical Physics	14
福建物质结构研究所 Fujian Inst. of Research on the Structure of Matter	29
城市环境研究所 Inst. of Urban Environment	12
上海高等研究院（筹） Shanghai Advanced Research Institute	4
宁波材料技术与工程研究所 Ningpo Inst. of Materials Technology and Engineering	23
江苏省 Jiangsu Province	83
紫金山天文台 Purple Mountain Observatory	17
南京地理与湖泊研究所 Nanjing Inst. of Geography and Limnology	9
南京地质古生物研究所 Nanjing Inst. of Geology and Palaeontology	12
南京土壤研究所 Nanjing Inst. of Soil Science	16
苏州生物医学工程研究所 Suzhou Institute of Biomedical Engineering and Technology	3
苏州纳米技术与纳米仿生研究所 Suzhou Inst. of Nano-Tech and Nano-Bionics	26
安徽省 Anhui Province	213
合肥物质科学研究院 Hefei Institutes of Physical Sciences	54
中国科学技术大学 University of Science and Technology of China	159

续表 7-10

单　位 Unit	招聘人数 Introduced talents
湖北省、湖南省 　　Hubei and Hunan Provinces	94
武汉物理与数学研究所 Wuhan Inst. of Physics and Mathematics	34
武汉岩土力学研究所 Wuhan Inst. of Rock and Soil Mechanics	12
武汉植物园 Wuhan Botanical Garden	13
水生生物研究所 Inst. of Hydrobiology	22
武汉病毒研究所 Wuhan Inst. of Virology	10
测量与地球物理研究所 Inst.of Geodesy and Geophysics	3
广东省 　　Guangdong Province	128
广州地球化学研究所 Guangzhou Inst. of Geochemistry	25
南海海洋研究所 South China Sea Inst. of Oceanology	28
华南植物园 South China Botanical Garden	12
广州能源研究所 Guangzhou Inst. of Energy Conversion	17
亚热带农业生态研究所 Inst. of Subtropical Agriculture	9
中科院广州化学有限公司 CAS Guangzhou Chemistry Co., Ltd.	2
深圳先进技术研究院 Shenzhen Institutes of Advanced　Technology	21
广州生物医药与健康研究院 Guangzhou Institutes of Biomedicine and Health	14
四川省 　　Sichuan Province	39
成都山地灾害与环境研究所 Chengdu Inst. of Mountain Hazards and Environment	8
成都生物研究所 Chengdu Inst. of Biology	13
光电技术研究所 Inst. of Optics and Electronics	11
成都文献情报中心 Chengdu Documentation and Information Center	1

续表 7-10

单 位 Unit	招聘人数 Introduced talents
中科院成都信息技术有限公司 CAS Chengdu Information Technology Co., Ltd.	1
中国科学院成都有机化学有限公司 CAS Chengdu Organic Chemistry Co., Ltd.	5
云南省、贵州省 Yunnan and Guizhou Provinces	76
昆明植物研究所 Kunming Inst. of Botany	18
西双版纳热带植物园 Xishuangbanna Tropical Botanical Garden	9
昆明动物研究所 Kunming Inst. of Zoology	20
地球化学研究所 Inst. of Geochemistry	29
陕西省 Shaanxi Province	53
西安光学精密机械研究所 Xi'an Inst. of Optics and Precision Mechanics	24
地球环境研究所 Inst. of Earth Environment	9
水土保持与生态环境研究中心 Inst. of Soil & Water Conservation	16
国家授时中心 National Time Service Center	4
甘肃省、青海省 Gansu and Qinghai Provinces	121
近代物理研究所 Inst. of Modern Physics	29
兰州化学物理研究所 Lanzhou Inst. of Chemical Physics	28
寒区旱区环境与工程研究所 Cold and Arid Regions Environmental and Engineering Research Inst.	43
兰州油气资源研究中心 Lanzhou Center for Oil and Gas Resources	3
青海盐湖研究所 Qinghai Inst. of Saline Lakes	10
西北高原生物研究所 Northwest Inst. of Plateau Biology	8
新疆维吾尔自治区 Xinjiang Uygur Autonomous Region	32
新疆理化技术研究所 Xinjiang Technical Inst. of Physics and Chemistry	16
新疆生态与地理研究所 Xinjiang Inst. of Ecology and Geography	16

7-11 中国科学院“千人计划”招聘情况

Status on the Recruitment of CAS Thousand Talents Program

年份 Year	招聘人数 Number of scholars selected	招聘类别 Types for selection	
		“千人计划”长/短期项目 The Innovative Talents Recruitment Program (Long Term/Short Term)	“青年千人计划” Recruitment Program of Young Professionals
2009	40	40	
2010	57	57	
2011	61	22	39
合计	**158**	**119**	**39**

注：“千人计划”是我国引进海外高层次人才计划的总称，从2008年开始实施。2010年起增设“千人计划”短期项目；从2011年起增设“青年千人计划”。

Note: China initiated “the Recruitment Program of Global Experts” (known as “the Thousand Talents Plan”) since the end of 2008, under which it would bring in overseas top talents to China over the next five to ten years. In 2010, the additional subproject for short-term program was carried out, and two other additional subprojects were also launched in the next year, which is “Recruitment Program of Young Professionals” , respectively.

7-12 中国科学院“千人计划”各单位招聘情况
Status on the Recruitment of CAS Thousand Talents Program, by Institution

单位 Unit	招聘人数 Recruited Talents
总 计 **Total**	**158**
北京市 Beijing	60
数学与系统科学研究院 Academy of Mathematics and Systems Science	4
物理研究所 Inst. of Physics	6
声学研究所 Inst. of Acoustics	
理论物理研究所 Inst. of Theoretical Physics	
理化技术研究所 Technical Inst. of Physics and Chemistry	
高能物理研究所 Inst. of High Energy Physics	2
国家天文台 National Astronomical Observatories of China	1
力学研究所 Inst. of Mechanics	
化学研究所 Inst. of Chemistry	2
生态环境研究中心 Research Center for Eco-Environmental Sciences	
国家纳米科学中心 National Center for Nanoscience and Technology	
过程工程研究所 Inst. of Process Engineering	2
地理科学与资源研究所 Inst. of Geographic Sciences and Natural Resources Research	
青藏高原研究所 Inst.of Qinghai-Tibet Plateau	

续表 7-12

单位 Unit	招聘人数 Recruited Talents
地质与地球物理研究所 Inst. of Geology and Geophysics	4
古脊椎动物与古人类研究所 Inst. of Vertebrate Paleontology and Paleoanthropology	
大气物理研究所 Inst. of Atmospheric Physics	1
遥感应用研究所 Inst. of Remote Sensing Application	1
植物研究所 Inst. of Botany	2
动物研究所 Inst. of Zoology	1
心理研究所 Inst. of Psychology	
微生物研究所 Inst. of Microbiology	1
生物物理研究所 Inst. of Biophysics	11
遗传与发育生物学研究所 Inst. of Genetics and Developmental Biology	2
北京基因组研究所 Beijing Inst. of Genetics	1
计算技术研究所 Inst. of Computing Technology	2
软件研究所 Inst. of Software	
信息工程研究所 Inst. of Information Engineering	
半导体研究所 Inst. of Semiconductors	3
微电子研究所 Inst. of Microelectronics	8
电子学研究所 Inst. of Electronics	
光电研究院 Academy of Opto-Electronics	

续表 7-12

单位 Unit	招聘人数 Recruited Talents
电工研究所 Inst. of Electrical Engineering	
工程热物理研究所 Inst. of Engineering Thermophysics	2
空间科学与应用研究中心 Center for Space Science and Applied Research	1
自动化研究所 Inst. of Automation	1
对地观测与数字地球科学中心 Center for Earth Observation and Digital Earth	
自然科学史研究所 Inst. of History of Natural Sciences	
中国科学院研究生院 Graduate University of the Chinese Academy of Sciences	2
天津市 Tianjin	
天津工业生物技术研究所（筹） Tianjin Inst. of Industrial Biotechnology	
山西省 Shanxi Province	2
山西煤炭化学研究所 Shanxi Inst. of Coal Chemistry	2
辽宁省、山东省 Liaoning and Shandong Provinces	11
大连化学物理研究所 Dalian Inst. of Chemical Physics	5
沈阳应用生态研究所 Shenyang Inst. of Applied Ecology	1
沈阳自动化研究所 Shenyang Inst. of Automation	1
金属研究所 Inst. of Metals Research	3
海洋研究所 Inst. of Oceanology	
青岛生物能源与过程研究所 QingDao Inst. of BioEnergy and Bioprocess Technology	1
烟台海岸带研究所 Yantai Inst. of Coastal Zone Research	

续表 7-12

单位 Unit	招聘人数 Recruited Talents
吉林省 Jilin Province	1
长春应用化学研究所 Changchun Inst. of Applied Chemistry	1
东北地理与农业生态研究所 Northeast Inst. of Geography and Agroecology	
长春光学精密机械与物理研究所 Changchun Inst. of Optics，Fine Mechanics and Physics	
上海市、福建省 Shanghai, Fujian Provinces	18
上海应用物理研究所 Shanghai Inst. of Applied Physics	
上海天文台 Shanghai Observatory	
上海硅酸盐研究所 Shanghai Inst. of Ceramics	1
上海有机化学研究所 Shanghai Inst. of Organic Chemistry	1
上海生命科学研究院 Shanghai Institutes for Biological Sciences	9
上海药物研究所 Shanghai Inst. of Materia Medica	
上海巴斯德研究所 Inst. Pasteur of Shanghai	
上海微系统与信息技术研究所 Shanghai Inst. of Microsystem and Information Technology	4
上海光学精密机械研究所 Shanghai Inst. of Optics and Fine Mechanics	
上海技术物理研究所 Shanghai Inst. of Technical Physics	1
福建物质结构研究所 Fujian Inst. of Research on the Structure of Matter	1
城市环境研究所 Inst. of Urban Environment	
上海高等研究院（筹） Shanghai Advanced Research Institute	

续表 7-12

单位 Unit	招聘人数 Recruited Talents
宁波材料技术与工程研究所 Ningpo Inst. of Materials Technology and Engineering	1
江苏省 Jiangsu Province	6
紫金山天文台 Purple Mountain Observatory	2
南京地理与湖泊研究所 Nanjing Inst. of Geography and Limnology	
南京地质古生物研究所 Nanjing Inst. of Geology and Palaeontology	1
南京土壤研究所 Nanjing Inst. of Soil Science	
苏州生物医学工程技术研究所 Suzhou Inst. of Biomedical Engineering and Technology	
苏州纳米技术与纳米仿生研究所 Suzhou Inst. of Nano-Tech and Nano-Bionics	3
安徽省 Anhui Province	44
合肥物质科学研究院 Hefei Institutes of Physical Sciences	3
中国科学技术大学 University of Science and Technology of China	41
湖北省、湖南省 Hubei and Hunan Provinces	3
武汉物理与数学研究所 Wuhan Inst. of Physics and Mathematics	1
武汉岩土力学研究所 Wuhan Inst. of Rock and Soil Mechanics	
武汉植物园 Wuhan Botanical Garden	
水生生物研究所 Inst. of Hydrobiology	1
武汉病毒研究所 Wuhan Inst. of Virology	
测量与地球物理研究所 Inst.of Geodesy and Geophysics	1

续表 7-12

单位 Unit	招聘人数 Recruited Talents
广东省 Guangdong Province	7
广州地球化学研究所 Guangzhou Inst. of Geochemistry	
南海海洋研究所 South China Sea Inst. of Oceanology	
华南植物园 South China Botanical Garden	1
广州能源研究所 Guangzhou Inst. of Energy Conversion	
亚热带农业生态研究所 Inst. of Subtropical Agriculture	
中科院广州化学有限公司 CAS Guangzhou Chemistry Co., Ltd.	
深圳先进技术研究院 Shenzhen Institutes of Advanced Technology	5
广州生物医药与健康研究院 Guangzhou Institutes of Biomedicine and Health	1
四川省 Sichuan Province	1
成都山地灾害与环境研究所 Chengdu Inst. of Mountain Hazards and Environment	
成都生物研究所 Chengdu Inst. of Biology	
光电技术研究所 Inst. of Optics and Electronics	1
成都文献情报中心 Chengdu Documentation and Information Center	
中科院成都信息技术有限公司 CAS Chengdu Information Technology Co., Ltd.	
中国科学院成都有机化学有限公司 CAS Chengdu Organic Chemistry Co., Ltd.	
云南省、贵州省 Yunnan and Guizhou Provinces	1
昆明植物研究所 Kunming Inst. of Botany	

续表 7-12

单位 Unit	招聘人数 Recruited Talents
西双版纳热带植物园 Xishuangbanna Tropical Botanical Garden	
昆明动物研究所 Kunming Inst. of Zoology	1
地球化学研究所 Inst. of Geochemistry	
陕西省 Shaanxi Province	4
西安光学精密机械研究所 Xi'an Inst. of Optics and Precision Mechanics	3
地球环境研究所 Inst. of Earth Environment	1
水土保持与生态环境研究中心 Inst. of Soil & Water Conservation	
国家授时中心 National Time Service Center	
甘肃省、青海省 Gansu and Qinghai Provinces	
近代物理研究所 Inst. of Modern Physics	
兰州化学物理研究所 Lanzhou Inst. of Chemical Physics	
兰州油气资源研究中心 Lanzhou Center for Oil and Gas Resources	
青海盐湖研究所 Qinghai Inst. of Saline Lakes	
西北高原生物研究所 Northwest Inst. of Plateau Biology	
寒区旱区环境与工程研究所 Cold and Arid Regions Environmental and Engineering Research Inst.	
新疆维吾尔自治区 Xinjiang Uygur Autonomous Region	
新疆理化技术研究所 Xinjiang Technical Inst. of Physics and Chemistry	
新疆生态与地理研究所 Xinjiang Inst. of Ecology and Geography	

八、专利、科技论文、获奖成果

PATENTS, S&T PAPERS AND AWARD-WINNING ACHIEVEMENTS

8-1 专利申请受理量及授权量

Number of Patents Applied and Granted

单位：件 (item)

年 份 Year	申请量 Applied				授权量 Granted			
	合计 Total	发 明 Invention	实用新型 Utility model	外观设计 Exterior design	合计 Total	发 明 Invention	实用新型 Utility model	外观设计 Exterior design
1985~1990	1607	988	619		790	371	419	
1991	298	190	107	1	168	89	79	
1992	367	228	139		212	105	107	
1993	414	262	150	2	255	104	150	1
1994	453	269	182	2	197	81	112	4
1995	499	301	195	3	224	86	137	1
1996	791	467	318	6	192	86	105	1
1997	945	589	333	23	257	93	160	4
1998	1059	694	346	19	264	76	176	12
1999	1127	775	340	12	472	108	360	4
2000	1701	1218	468	15	802	442	352	8
2001	2010	1526	477	7	920	455	453	12
2002	2523	2002	502	19	1001	583	413	5
2003	3210	2617	578	15	1522	1055	450	17
2004	3546	2944	567	35	2034	1484	521	29
2005	3899	3328	492	79	1948	1498	429	21
2006	4008	3510	487	11	2098	1536	517	45
2007	4339	3907	426	6	2179	1659	508	12
2008	5616	5014	582	20	2665	2100	554	11
2009	6222	5685	529	8	3167	2613	539	15
2010	7527	6938	568	21	3406	2789	604	13
2011	9487	8706	729	52	4522	3817	659	46

注：2011 年专利申请量和授权量中分别包括国外专利申请 528 件和国外专利授权 73 件。

Note: In 2011, the number of patents applied and granted in the table includes 528 patents applied and 73 patents granted overseas.

8-2 专利申请受理量及授权量(2011 年，按申请量排序)

Number of Patents Applied and Granted: 2011 (By the order of number of patents applied)

单位：件 (item)

机构名称 Institution	申请量 Applied					授权量 Granted				
	合计 Total	发明 Invention	实用新型 Utility model	外观设计 Exterior design	国外 Overseas	合计 Total	发明 Invention	实用新型 Utility model	外观设计 Exterior design	国外 Overseas
总计 Total	**9487**	**8178**	**729**	**52**	**528**	**4522**	**3744**	**659**	**46**	**73**
微电子研究所 Inst. of Microelectronics	1048	773	48	6	221	126	100	23	2	1
大连化学物理研究所 Dalian Inst. of Chemical Physics	412	365	19		28	192	167	16		9
过程工程研究所 Inst. of Process Engineering	349	330	10		9	104	97	3		4
合肥物质科学研究院 Hefei Institutes of Physical Sciences	287	243	44			143	102	41		
上海微系统与信息技术研究所 Shanghai Inst. of Microsystem and Information Technology	279	235	4		40	129	125	4		
长春光学精密机械与物理研究所 Changchun Inst. of Optics，Fine Mechanics and Physics	276	276				121	121			
中国科学技术大学 University of Science and Technology of China	269	239	25	1	4	173	151	22		
化学研究所 Inst. of Chemistry	251	237	4		10	140	137	3		
宁波材料技术与工程研究所 Ningbo Inst. of Material Technology and Engineering	239	210	19		10	47	40	7		
深圳先进技术研究院 Shenzhen Institutes of Advanced Technology	225	199	17	4	5	86	47	27	11	1
金属研究所 Inst. of Metal Research	204	175	27		2	152	113	39		
沈阳自动化研究所 Shenyang Inst. of Automation	199	124	71		4	118	52	66		
福建物质结构研究所 Fujian Inst. of Research on the Structure of Matter	196	187	8		1	8	8			
半导体研究所 Inst. of Semiconductors	192	190	2			145	142	3		
上海硅酸盐研究所 Shanghai Inst. of Ceramics	189	175	8		6	109	101	8		
自动化研究所 Inst. of Automation	189	163			26	116	115			1

续表 8-2

机构名称 Institution	申请量 Applied					授权量 Granted				
	合计 Total	发明 Invention	实用新型 Utility model	外观设计 Exterior design	国外 Overseas	合计 Total	发明 Invention	实用新型 Utility model	外观设计 Exterior design	国外 Overseas
上海光学精密机械研究所 Shanghai Inst. of Optics and Fine Mechanics	180	176	4			88	84	3		1
声学研究所 Inst. of Acoustics	172	158	9	3	2	110	97	8	1	4
光电技术研究所 Inst. of Optics and Electronics	169	162	4	1	2	74	71	1		2
理化技术研究所 Technical Inst. of Physics and Chemistry	168	159	4		5	84	77	6		1
长春应用化学研究所 Changchun Inst. of Applied Chemistry	167	166	1			116	114	1		1
西安光学精密机械研究所 Xi'an Inst. of Optics and Precision Mechanics	159	92	65	1	1	94	41	51		2
苏州纳米技术与纳米仿生研究所 Suzhou Inst. of Bio-Tech and Nano-Bionics	140	136	4			50	45	5		
广州能源研究所 Guangzhou Inst. of Energy Conversion	140	93	44	1	2	58	37	20	1	
上海生命科学研究院 Shanghai Institutes for Biological Sciences	137	103			34	52	47			5
计算技术研究所 Inst. of Computing Technology	118	113	2		3	164	158			6
上海技术物理研究所 Shanghai Inst. of Technical Physics	117	86	31			83	60	22		1
电工研究所 Inst. of Electrical Engineering	116	115	1			112	109	3		
生态环境研究中心 Research Center for Eco-Environmental Sciences	105	102	2		1	45	44	1		
工程热物理研究所 Inst. of Engineering Thermophysics	101	64	29	4	4	56	31	22	1	2
上海药物研究所 Shanghai Inst. of Materia Medica	100	77			23	80	63			17
物理研究所 Inst. of Physics	93	91	1		1	39	33	1		5
海洋研究所 Inst. of Oceanology	93	88	4		1	42	37	5		

机构名称 Institution	申请量 Applied					授权量 Granted				
	合计 Total	发 明 Invention	实用新型 Utility model	外观设计 Exterior design	国外 Overseas	合计 Total	发 明 Invention	实用新型 Utility model	外观设计 Exterior design	国外 Overseas
兰州化学物理研究所 Lanzhou Inst. of Chemical Physics	92	85	1		6	33	32			1
微生物研究所 Inst. of Microbiology	84	84				25	25			
国家纳米科学中心 National Center for Nanoscience and Technology	82	70	3		9	23	20	3		
电子学研究所 Inst. of Electronics	80	79	1			49	49			
遗传与发育生物学研究所 Inst. of Genetics and Developmental Biology	75	70	4		1	33	25	8		
上海有机化学研究所 Shanghai Inst. of Organic Chemistry	74	65			9	47	47			
地质与地球物理研究所 Inst. of Geology and Geophysics	67	51	12		4	30	23	7		
软件研究所 Inst. of Software	61	58	1		2	39	35	3		1
山西煤炭化学研究所 Shanxi Inst. of Coal Chemistry	59	53	6			40	36	4		
新疆理化技术研究所 Xinjiang Technical Inst. of Physics and Chemistry	58	55	1		2	36	36			
青岛生物能源与过程研究所 Qingdao Inst. of Bioenergy and Bioprocess Technology	55	53			2	9	8	1		
南海海洋研究所 South China Sea Inst. of Oceanology	55	53	1		1	23	20	3		
力学研究所 Inst. of Mechanics	54	52	2			25	24	1		
植物研究所 Inst. of Botany	53	50	1		2	22	20	2		
中科院广州化学有限公司 CAS Guangzhou Chemistry Co., Ltd.	52	52				31	31			
中国科学院沈阳科学仪器研制中心有限公司 CAS Shenyang Scientific Instrument Development Co., Ltd.	50	26		24		31	5		26	
青海盐湖研究所 Qinghai Inst. of Saline Lakes	50	38	12			39	26	13		
沈阳应用生态研究所 Shenyang Inst. of Applied Ecology	47	45	2			49	43	6		

续表 8-2

机构名称 Institution	申请量 Applied					授权量 Granted				
	合计 Total	发 明 Invention	实用 新型 Utility model	外观 设计 Exterior design	国外 Overseas	合计 Total	发 明 Invention	实用 新型 Utility model	外观 设计 Exterior design	国外 Overseas
东北地理与农业生态研究所 Northeast Inst. of Geography and Agroecology	70	61	9			24	23	1		
广州生物医药与健康研究院 Guangzhou Institutes of Biomedicine and Health	45	28			17	21	21			
天津工业生物技术研究所(筹) Tianjin Inst. of Industrial Biotechnology	43	43								
南京土壤研究所 Nanjing Inst. of Soil Science	43	39	4			21	20	1		
空间科学与应用研究中心 Center for Space Science and Applied Research	41	41				11	11			
计算机网络信息中心 Computer Network Information Center	40	30			10					
华南植物园 South China Botanical Garden	40	38			2	11	11			
中国科学院成都有机化学有限公司 CAS Chengdu Organic Chemistry Co., Ltd.	39	38			1	8	8			
光电研究院 Academy of Opto-Electronics	38	24	14			11	8	3		
寒区旱区环境与工程研究所 Cold and Arid Regions Environmental and Engineering Research Inst.	38	23	15			15	5	10		
苏州生物医学工程技术研究所 Suzhou Inst. of Biomedical Engineering and Technology	38	32	6			27	1	26		
中国科学院沈阳计算技术研究所有限公司 CAS Shenyang Computing Technology Co., Ltd.	37	31	5	1		9	3	5	1	
新疆生态与地理研究所 Xinjiang Inst. of Ecology and Geography	36	30	6			23	18	5		
南京地理与湖泊研究所 Nanjing Inst. of Geography and Limnology	35	24	11			18	7	11		
城市环境研究所 Inst. of Urban Environment	33	28	5			5	2	3		
成都生物研究所 Chengdu Inst. of Biology	32	30	2			23	20	3		

续表 8-2

机构名称 Institution	申请量 Applied					授权量 Granted				
	合计 Total	发 明 Invention	实用新型 Utility model	外观设计 Exterior design	国外 Overseas	合计 Total	发 明 Invention	实用新型 Utility model	外观设计 Exterior design	国外 Overseas
烟台海岸带研究所 Yantai Inst. of Coastal Zone Research	31	29	1		1	14	13	1		
广州地球化学研究所 Guangzhou Inst. of Geochemistry	31	19	11		1	17	11	4	1	1
武汉病毒研究所 Wuhan Inst. of Virology	30	29			1	8	8			
中国科学院研究生院 Graduate University of Chinese Academy of Sciences	30	30				15	10	5		
成都山地灾害与环境研究所 Chengdu Inst. of Mountain Hazards and Environment	29	18	8		3	16	11	5		
高能物理研究所 Inst. of High Energy Physics	29	20	5		4	21	7	11	1	2
昆明植物研究所 Kunming Inst. of Botany	29	29				31	27	1		3
上海应用物理研究所 Shanghai Inst. of Applied Physics	27	21	6			20	18	2		
北京中科科仪技术发展有限责任公司 KYKY Technology Development Ltd.	26	21	3	2		10	2	7	1	
亚热带农业生态研究所 Inst. of Subtropical Agriculture	24	23	1			7	7			
近代物理研究所 Inst. of Modern Physics	24	17	7			24	17	7		
生物物理研究所 Inst. of Biophysics	23	19	1		3	6	5	1		
水生生物研究所 Inst. of Hydrobiology	23	18	5			11	10	1		
地理科学与资源研究所 Inst. of Geographic Sciences and Natural Resources Research	22	12	10			35	28	7		
动物研究所 Inst. of Zoology	21	20	1			6	6			
遥感应用研究所 Inst. of Remote Sensing Application	19	19				6	4	2		
西北高原生物研究所 Northwest Inst. of Plateau Biology	18	17	1			6	5	1		

续表 8-2

机构名称 Institution	申请量 Applied					授权量 Granted				
	合计 Total	发 明 Invention	实用新型 Utility model	外观设计 Exterior design	国外 Overseas	合计 Total	发 明 Invention	实用新型 Utility model	外观设计 Exterior design	国外 Overseas
中科院成都信息技术有限公司 CAS Chengdu Information Technology Co., Ltd.	17	3	10	4		9	2	7		
国家天文台南京天文光学技术研究所 Nanjing Inst. of Astronomical Optics & Technology,National Astronomical Observatories	15	13	2			7	6	1		
国家授时中心 National Time Service Center	14	11	3			12	7	5		
武汉岩土力学研究所 Wuhan Inst. of Rock and Soil Mechanics	14	14				63	42	21		
武汉物理与数学研究所 Wuhan Inst. of Physics and Mathematics	13	11	2			13	9	3		1
武汉植物园 Wuhan Botanical Garden	13	13				13	13			
北京基因组研究所 Beijing Inst. of Genetics	11	8	3			6	2	4		
西双版纳热带植物园 Xishuangbanna Tropical Botanical Garden	9	7	1		1	11	10	1		
上海巴斯德研究所 Institut Pasteur of Shanghai	8	8								
上海天文台 Shanghai Observatory	8	5	3			3	2	1		
中科院广州电子技术有限公司 CAS Guangzhou Electronics Technology Co., Ltd.	8	2	6			8	1	7		
国家天文台 National Astronomical Observatories of China	8	7	1			14	9	5		
昆明动物研究所 Kunming Inst. of Zoology	7	7				7	6			1
测量与地球物理研究所 Inst. of Geodesy and Geophysics	6	6				7	4	3		
地球化学研究所 Inst. of Geochemistry	4	4				2	2			

续表 8-2

机构名称 Institution	申请量 Applied					授权量 Granted				
	合计 Total	发 明 Invention	实用新型 Utility model	外观设计 Exterior design	国外 Overseas	合计 Total	发 明 Invention	实用新型 Utility model	外观设计 Exterior design	国外 Overseas
科技政策与管理科学研究所 Inst. of Policy and Management	3	3								
地质与地球物理研究所兰州油气资源研究中心 Lanzhou Center for Oil and Gas Resources，Inst. of Geology and Geophysics	3	3				1		1		
云南天文台 YunNan Astronomical Observatory	3	2	1			2	1	1		
大气物理研究所 Inst. of Atmospheric Physics	3	3				4	4			
南京中科天文仪器有限公司 Nanjing Astronomic Instrument Co., Ltd.	3	3				8	1	7		
成都中科唯实仪器有限责任公司 CAS Chengdu Weishi Instrument Co., Ltd.	2	1	1			6		6		
紫金山天文台 Purple Mountain Observatory	1	1								
北京中科院软件中心有限公司 CAS Beijing Software Co., Ltd.	1				1					
重庆绿色智能技术研究院 Chongqing Inst. of Green and Intelligent Technology	1	1								
地球环境研究所 Inst. of Earth Environment	1		1			1		1		
数学与系统科学研究院 Academy of Mathematics and Systems Science						1	1			
上海高等研究院 Shanghai Advanced Research Inst.						1	1			
对地观测与数字地球科学中心 Center for Earth Observation and Digital Earth						3	3			

8-3 科技论文的发表及被引用情况

S&T Publications and Citations

年 份 Year	被国际上收录 (篇) Catalogued by major international indexes (article)	SCIE 论文 Catalogued by SCIE (article)	SCI 论文被引用 Cited internationally		国内刊物发表 (篇) Publications in domestic journals (article)
			篇 (article)	次 (time)	
1988	2212	1713			5458
1989	1740	1270			6099
1990	2097	1611	1568		6430
1991	2304	1690	1217	2440	6671
1992	2642	1724	1943	3898	7170
1993	3539	1877	2284	4393	6754
1994	4064	1993	2318	4286	7038
1995	4614	2276	2615	5033	7424
1996	4219	2224	2943	5727	7813
1997	5500	2926	3436	6724	8175
1998	5478	3277	3815	7534	8593
1999	8249	5376	4250	8582	9526
2000	9186	6063	5219	11046	10299
2001	10165	6725	6135	13658	11022
2002	11740	7611	7756	17624	11181
2003	14516	8632	9772	24746	12169
2004	15738	9500	9860	24746	12790
2005	22257	11952	15053	41934	13826
2006	23589	12392	17620	51926	14654
2007	24045	12423	19853	62007	13872
2008	26569	13761	23284	78600	13673
2009	26104	14202	24995	96405	13395
2010	30586	15695	25604	81489	12846

资料来源：中国科技信息研究所信息分析研究中心(表 8-3，表 8-4)。

Source: Center for Information Analysis, Institute of S&T Information of China (Table 8-3 and Table 8-4).

注：1. 被国际收录的论文数据采集自美国的三种在国际上颇有影响的检索工具，即《科学引文索引》、《工程索引》和《科学技术会议索引》，国内论文数据直接取自选作统计源的国内科技期刊(2010 年为 1999 种)。

Note: Data in "Papers catalogued by major international indexes" are from SCI, EI and ISTP, and data in "Publications in domestic journals" are selected directly from domestic S&T journals (1999 journals in 2010) which are taken as the source.

2. SCI 论文被引用情况是指 SCI 引文数据库前 5 年收录的论文情况在第六年被引用的统计，例，2010 年 SCI 被引用是指 2005~2009 年被收录的论文在 2010 年被引用的情况，2009 年 SCI 论文被引用情况是指 2004~2008 年被收录的论文在 2009 年被引用的情况。其他年份依次类推。

Citation in the sixth year of papers quoted during the previous five years. For instance,citation in 2010 of papers quoted in 2005~2009, citation in 2009 of papers quoted in 2004~2008.The rest of the years is on this analogy.

3. 自 1999 年此表《SCI》论文检索数据源由光盘版改为扩展版《SCIE》。

Since 1999, SCI data in the table came from the network of SCIE instead of the light disk.

8-4 科技论文的发表及被引用情况(2010 年)
S&T Publications and Citations: 2010

	被国际上收录(篇) Catalogued by major international indexes (article)	SCIE 论文 Catalogued by SCIE (article)	SCI 论文被引用 Cited internationally		国内刊物发表(篇) Publications in domestic journals (article)
			篇 (article)	次 (time)	
总 计 Total	**30586**	**15695**	**25604**	**81489**	**12846**
一、按学科分 By discipline					
数学 Mathematics	855	269	215	459	87
信息科学与系统科学 Information science & systems science	1051	46	41	93	181
力学 Mechanics	322		14	24	108
物理学 Physics	5091	2653	3807	10628	941
化学 Chemistry	6123	4382	9168	35786	713
天文学 Astronomy	507	418	771	2251	254
地球科学 Earth sciences	2198	1488	1411	3542	1646
生物学 Biologcal sciences	2574	2353	3210	9655	1447
预防医学 Preventive medicine	83	36	25	88	40
基础医学 Basic medical science	450	310	506	1714	102
药学 Pharmacy	117	69	296	875	80
临床医学 Clinical medicine	110	69	151	571	51
中医学 Chinese herbal medicine	2	1	26	55	50

	被国际上收录(篇) Catalogued by major international indexes (article)	SCIE 论文 Catalogued by SCIE (article)	SCI 论文被引用 Cited internationally		国内刊物发表(篇) Publications in domestic journals (article)
			篇 (article)	次 (time)	
军事医学与特种医学 Military medicine & Special medicine	10	10	10	23	4
农学 Agronomy	317	225	341	830	887
林学 Forestry	41	38	62	134	74
畜牧兽医 Animal husbandry & veterinary medicine	13	12	7	12	75
水产 Fishery	72	70	171	351	53
测绘技术 Mapping technology	53				51
材料科学 Material sciences	2272	882	1975	5151	228
工程与技术基础学科 Basic engineering and technology	432	53	97	281	107
矿业 Mining	21	10	16	41	37
能源科学技术 Energy science & technology	308	105	108	315	152
冶金、金属 Metallurgy & metal	226	95	38	97	156
机械工程 Mechanical engineering	797	160	112	235	231
动力与电气 Dynamics & electrical engineering	40		35	87	268
核科学技术 Nuclear science & technology	98	38	33	66	244
电子、通讯与自动控制 Electrnics, communication & automation control technology	1918	395	283	594	1320
计算科学技术 Computer science & technology	1695	245	139	276	1320

	被国际上收录(篇) Catalogued by major international indexes (article)	SCIE 论文 Catalogued by SCIE (article)	SCI 论文被引用 Cited internationally		国内刊物发表(篇) Publications in domestic journals (article)
			篇 (article)	次 (time)	
化工 Chemical engineering	484	153	330	891	376
轻工纺织 Light industry & textile	10				17
食品 Food (salty)	85	32	35	98	22
土木建筑 Civil engineering	397	44	40	97	153
水利 Water conservancy	70	20	16	28	51
交通运输 Transportation	50				32
航空航天 Space and astronautics	90	23	40	55	145
安全科学技术 Safty science technology	49	2	5	5	3
环境科学 Environmental science & technology	1108	975	1237	3699	667
管理学 Management	203	7	4	12	101
其他 Others	244	7	829	2370	372
二、按单位分 By unit					
(一)院直属事业单位 Institution					
北京分院(筹) Beijing Branch	11337	5750	9177	29791	4270
沈阳分院 Shenyang Branch	2718	1465	2433	8443	947
长春分院 Changchun Branch	1111	655	1521	6011	286
上海分院 Shanghai Branch	4803	2527	4676	15069	1508

续表 8-4

	被国际上收录(篇) Catalogued by major international indexes (article)	SCIE 论文 Catalogued by SCIE (article)	SCI 论文被引用 Cited internationally 篇 (article)	次 (time)	国内刊物发表(篇) Publications in domestic journals (article)
南京分院 Nanjing Branch	847	523	773	1783	371
合肥物质科学研究院 Hefei Institutes of Physical Sciences	980	416	570	1675	324
武汉分院 Wuhan Branch	611	295	293	790	319
广州分院 Guangzhou Branch	1117	650	740	2116	846
成都分院 Chengdu Branch	454	166	184	432	323
昆明分院 Kunming Branch	708	561	803	1999	337
西安分院 Xi'an Branch	373	153	148	384	222
兰州分院 Lanzhou Branch	1118	608	866	2398	786
新疆分院 Xinjiang Branch	195	116	72	169	275
中国科学院本部 CAS Headquarters	55	21	16	45	12
(二)学校及公共支撑单位 Universities and Public Supporting Institute	4157	1775	3326	10375	1723
(三)院属单位投资企业 CAS Institution Invested Enterprises					

注：论文的学科分类是以论文所属学科，按国家标准《学科分类与代码》（GB/T13745—1992）进行的分类统计。

Note: Papers are classified by disciplins.The statistics are based on the discipline classification of the state standards (GB/T13745—1992).

8-5 科技论文在国内重要期刊上发表及被引用情况

S&T Papers Published and Cited by Major Domestic Journals

年份 Year	国内期刊发表数（篇） Papers published in domestic journals (article)	其中： NSFC 基金论文数(篇) NSFC papers (article)	在国内被引用 Cited domestically	
			篇 (article)	次 (time)
1990	4738	1215		
1991	4780	1342		
1992	5025	1570		
1993	4826	1611		
1994	4931	1783	2164	2968
1995	5092	1848	2309	3141
1996	6592	2331	2989	3911
1997	7261	2680	3455	4701
1998	7291	4016	3998	5316
1999	8301	3353	5466	8028
2000	9356	3585	6752	10188
2001	9688	4350	7034	11047
2002	9773	4570	8546	13716
2003	10588	4770	9414	15678
2004	11112	5047	11378	19928
2005	11670	5728	12606	22567
2006	11336	5561	13809	25060
2007	11195	5654	13698	25696
2008	11219	5592	14313	26321
2009	11006	5382	16271	29725
2010	10445	5302	16189	29261

资料来源：中国科学引文数据库(核心库)。

Source: Chinese Science Citation Database(Core Database).

注：中国科学引文数据库的数据来源于国内较重要的 748 种(1989~1995 年为 315 种)中英文期刊。NSFC 基金论文数是指受国家自然科学基金资助的论文数。在国内被引用情况是指中国科学引文数据库前 5 年收录的论文在第六年被引用的统计，例如，2010 年国内被引情况是指 2005~2009 年被收录的论文在 2010 年被引用的情况，2009 年国内被引情况是指 2004~2008 年被收录的论文在 2009 年被引用的情况。其他年份依次类推。

Note: Data in Chinese Science Citation Database are from 748 major domestic S&T journals in Chinese and English (315 major domestic S&T journals in 1989~1995). Data of NSFC papers refer to the number of papers which are published on the basis of research projects supported by the National Natural Science Foundation of China. Domestic citation refers to the citation of papers quoted by Chinese Science Citation Database over the previous five years. For instance, the citation in 2010 of papers quoted in 2005~2009,the citation in 2009 of papers quoted in 2004~2008. The papers citation for the rest of the years is on this analogy.

8-6 科技论文在国内重要期刊上被引次数最多的前 30 名机构(2010 年)

Top 30 Institutions in Citation of S&T Papers by Major Domestic Journals: 2010

机构名称 Institution	在国内被引用 Cited domestically	
	篇 (article)	次 (time)
地理科学与资源研究所 Inst. of Geographic Sciences and Natural Resources Research	976	2141
地质与地球物理研究所 Inst. of Geology and Geophysics	709	1778
寒区旱区环境与工程研究所 Cold and Arid Regions Environmental and Engineering Research Inst.	793	1743
中国科学技术大学 University of Science and Technology of China	1052	1530
大气物理研究所 Inst. of Atmospheric Physics	521	1125
南京土壤研究所 Nanjing Inst. of Soil Science	516	1080
生态环境研究中心 Research Center of Eco-Environmental Sciences	488	944
东北地理与农业生态研究所 Northeast Inst. of Geography and Agroecology	471	906
沈阳应用生态研究所 Shenyang Inst. of Applied Ecology	477	896
广州地球化学研究所 Guangzhou Inst. of Geochemistry	422	861
南京地理与湖泊研究所 Nanjing Inst. of Geography and Limnology	378	841
新疆生态与地理研究所 Xinjiang Inst. of Ecology and Geography	375	815
长春光学精密机械与物理研究所 Changchun Inst. of Optics, Fine Mechanics and Physics	405	702
上海光学精密机械研究所 Shanghai Inst. of Optics and Fine Mechanics	331	553
海洋研究所 Inst. of Oceanology	322	537
合肥物质科学研究院 Hefei Institutes of Physical Sciences	337	502

续表 8-6

机构名称 Institution	在国内被引用 Cited domestically	
	篇 (article)	次 (time)
植物研究所 Inst. of Botany	241	472
地球化学研究所 Inst. of Geochemistry	232	468
武汉岩土力学研究所 Wuhan Inst. of Rock and Soil Mechanics	250	406
研究生院 Graduate University	262	405
计算技术研究所 Inst. of Computing Technology	226	382
水土保持研究所 Inst. of Soil and Water Conservation	168	371
华南植物园 South China Botanical Garden	186	350
亚热带农业生态研究所 Inst. of Subtropical Agriculture Ecology	178	346
软件研究所 Inst. of Software	192	343
遥感应用研究所 Inst. of Remote Sensing Applications	192	336
南海海洋研究所 South China Sea Inst. of Oceanology	184	315
成都山地灾害与环境研究所 Inst. of Mountain Hazards and Environment	170	315
水生生物研究所 Inst. of Hydrobiology	187	310
大连化学物理研究所 Dalian Inst. of Chemical Physics	216	295

资料来源：中国科学引文数据库(核心库)。

Source: Chinese Science Citation Database(Core Database).

注：国内被引情况是指 2005~2009 年被中国科学引文数据库收录的论文在 2010 年被引用的情况。

Note: Domestic citation refers to citation in 2010 of papers quoted by Chinese Science Citation Database in 2004~2008.

8-7　获国家自然科学奖情况

S&T Achievements Granted with National Natural Science Awards

年 份 Year	项 目 Item	获奖总项数 Total	一等奖 1st class	二等奖 2nd class	三等奖 3rd class	四等奖 4th class
1956 (第一届)	全国授奖项数 National total	34	3	5	26	
	中国科学院获奖数 Awards won by CAS	23	3	2	18	
1982 (第二届)	全国授奖项数 National total	125	9	40	49	27
	中国科学院获奖数 Awards won by CAS	47	2	23	17	5
1987 (第三届)	全国授奖项数 National total	178	11	39	87	41
	中国科学院获奖数 Awards won by CAS	72	7	17	33	15
1989 (第四届)	全国授奖项数 National total	59	2	19	23	15
	中国科学院获奖数 Awards won by CAS	32	2	11	14	5
1991 (第五届)	全国授奖项数 National total	53		10	31	12
	中国科学院获奖数 Awards won by CAS	16		5	11	
1993 (第六届)	全国授奖项数 National total	52	1	18	21	12
	中国科学院获奖数 Awards won by CAS	20	1	11	6	2
1995 (第七届)	全国授奖项数 National total	57		15	27	15
	中国科学院获奖数 Awards won by CAS	25		10	11	4
1997 (第八届)	全国授奖项数 National total	51	1	8	30	12
	中国科学院获奖数 Awards won by CAS	20	1	5	12	2
1999 (第九届)	全国授奖项数 National total	57		10	31	16
	中国科学院获奖数 Awards won by CAS	21		7	11	3
2000 (第十届)	全国授奖项数 National total	15		15		
	中国科学院获奖数 Awards won by CAS	6		6		
2001 (第十一届)	全国授奖项数 National total	18		18		
	中国科学院获奖数 Awards won by CAS	8		8		

续表 8-7

年 份 Year	项 目 Item	获奖总项数 Total	一等奖 1st class	二等奖 2nd class	三等奖 3rd class	四等奖 4th class
2002 (第十二届)	全国授奖项数 National total	24	1	23		
	中国科学院获奖数 Awards won by CAS	12	1	11		
2003 (第十三届)	全国授奖项数 National total	19	1	18		
	中国科学院获奖数 Awards won by CAS	6	1	5		
2004 (第十四届)	全国授奖项数 National total	28		28		
	中国科学院获奖数 Awards won by CAS	10		10		
2005 (第十五届)	全国授奖项数 National total	38		38		
	中国科学院获奖数 Awards won by CAS	17		17		
2006 (第十六届)	全国授奖项数 National total	29	2	27		
	中国科学院获奖数 Awards won by CAS	12		12		
2007 (第十七届)	全国授奖项数 National total	39		39		
	中国科学院获奖数 Awards won by CAS	13		13		
2008 (第十八届)	全国授奖项数 National total	34		34		
	中国科学院获奖数 Awards won by CAS	17		17		
2009 (第十九届)	全国授奖项数 National total	28	1	27		
	中国科学院获奖数 Awards won by CAS	13	1	12		
2010 (第二十届)	全国授奖项数 National total	30		30		
	中国科学院获奖数 Awards won by CAS	10		10		
2011 (第二十一届)	全国授奖项数 National total	36		36		
	中国科学院获奖数 Awards won by CAS	13		13		

注：表中院获奖数是院直属单位为第一完成单位的获奖数。自 2000 年开始国家自然科学奖只设一、二等奖。2003 年增设特等奖。

Note: In the table, the number of awards won by CAS indicates the number of awards won by the CAS institution who is the first unit for the achievement. Since 2000, National Natural Science Awards only has had 1st and 2nd class Awards. Since 2003, Special Class Award of Natural Science Awards has been added.

8-8 获国家技术发明奖情况

S&T Achievements Granted with National Technology Invention Awards

年 份 Year	项 目 Item	获奖总项数 Total	一等奖 1st class	二等奖 2nd class	三等奖 3rd class	四等奖 4th class
1979	全国授奖项数 National total	43	1	12	24	6
	中国科学院获奖数 Awards won by CAS	12	1	3	7	1
1980	全国授奖项数 National total	109		13	75	21
	中国科学院获奖数 Awards won by CAS	22		4	17	1
1981	全国授奖项数 National total	123	3	10	56	54
	中国科学院获奖数 Awards won by CAS	6			3	3
1982	全国授奖项数 National total	153	4	17	68	64
	中国科学院获奖数 Awards won by CAS	9			4	5
1983	全国授奖项数 National total	212	5	18	108	81
	中国科学院获奖数 Awards won by CAS	11		2	8	1
1984	全国授奖项数 National total	264	7	25	125	107
	中国科学院获奖数 Awards won by CAS	15	1	3	8	3
1985	全国授奖项数 National total	185	6	18	92	69
	中国科学院获奖数 Awards won by CAS	6			4	2
1986	全国授奖项数 National total	30		3	12	15
	中国科学院获奖数 Awards won by CAS					
1987	全国授奖项数 National total	225	1	24	96	104
	中国科学院获奖数 Awards won by CAS	12		1	9	2
1988	全国授奖项数 National total	217	4	20	97	96
	中国科学院获奖数 Awards won by CAS	12	1	2	6	3

续表 8-8

年份 Year	项目 Item	获奖总项数 Total	一等奖 1st class	二等奖 2nd class	三等奖 3rd class	四等奖 4th class
1989	全国授奖项数 National total	150		14	67	69
	中国科学院获奖数 Awards won by CAS	4			3	1
1990	全国授奖项数 National total	224	3	15	113	93
	中国科学院获奖数 Awards won by CAS	5			4	1
1991	全国授奖项数 National total	209	1	12	92	104
	中国科学院获奖数 Awards won by CAS	7	1	1	4	1
1992	全国授奖项数 National total	170		10	68	92
	中国科学院获奖数 Awards won by CAS	5		1	1	3
1993	全国授奖项数 National total	175		16	74	85
	中国科学院获奖数 Awards won by CAS	5		2	3	
1995	全国授奖项数 National total	131	1	12	59	59
	中国科学院获奖数 Awards won by CAS	4		1	3	
1996	全国授奖项数 National total	111	1	8	56	46
	中国科学院获奖数 Awards won by CAS	9		1	6	2
1997	全国授奖项数 National total	100	1	13	46	40
	中国科学院获奖数 Awards won by CAS					
1998	全国授奖项数 National total	72		10	30	32
	中国科学院获奖数 Awards won by CAS	4		1	1	2
1999	全国授奖项数 National total	69		13	38	18
	中国科学院获奖数 Awards won by CAS	7		2	4	1
2000	全国授奖项数 National total	23		23		
	中国科学院获奖数 Awards won by CAS	2		2		
2001	全国授奖项数 National total	14		14		
	中国科学院获奖数 Awards won by CAS	1		1		

年 份 Year	项 目 Item	获奖总项数 Total	一等奖 1st class	二等奖 2nd class	三等奖 3rd class	四等奖 4th class
2002	全国授奖项数 National total	21		21		
	中国科学院获奖数 Awards won by CAS	1		1		
2003	全国授奖项数 National total	19		19		
	中国科学院获奖数 Awards won by CAS	1		1		
2004	全国授奖项数 National total	28	2	26		
	中国科学院获奖数 Awards won by CAS	1		1		
2005	全国授奖项数 National total	40	1	39		
	中国科学院获奖数 Awards won by CAS	8		8		
2006	全国授奖项数 National total	56	1	55		
	中国科学院获奖数 Awards won by CAS	5		5		
2007	全国授奖项数 National total	51	1	50		
	中国科学院获奖数 Awards won by CAS	3		3		
2008	全国授奖项数 National total	55	3	52		
	中国科学院获奖数 Awards won by CAS	3		3		
2009	全国授奖项数 National total	55	2	53		
	中国科学院获奖数 Awards won by CAS	2		2		
2010	全国授奖项数 National total	46	2	44		
	中国科学院获奖数 Awards won by CAS	2		2		
2011	全国授奖项数 National total	55	2	53		
	中国科学院获奖数 Awards won by CAS	6		6		

注：1. 1994 年国家技术发明奖停评一年。

Note: The evaluation of achievements for National Technology Invention Awards was suspended in 1994 for a year.

2. 表中院获奖数是院直属单位为第一完成单位的获奖数。自 2000 年始国家技术发明奖只设一、二等奖。2003 年增设特等奖。

In the table,the number of awards won by CAS indicates the number of awards won by the CAS institution who is the first unit for the achievement. Since 2000, National Technology Invention Awards only has had 1st and 2nd class Awards. Since 2003, the Special Class Award of National Technology Invention Awards has been established.

8-9 获国家科技进步奖情况
S&T Achievements Granted with National S&T Progress Awards

年 份 Year	项 目 Item	获奖总项数 Total	特等奖 Special class	一等奖 1st class	二等奖 2nd class	三等奖 3rd class
1985	全国授奖项数 National total	1761	23	135	535	1068
	中国科学院获奖数 Awards won by CAS	73	2	8	28	35
1987	全国授奖项数 National total	807	4	50	237	516
	中国科学院获奖数 Awards won by CAS	36		1	13	22
1988	全国授奖项数 National total	515	3	34	151	327
	中国科学院获奖数 Awards won by CAS	29		4	11	14
1989	全国授奖项数 National total	504	3	36	152	313
	中国科学院获奖数 Awards won by CAS	26		1	9	16
1990	全国授奖项数 National total	505	3	32	142	328
	中国科学院获奖数 Awards won by CAS	17	1	3	5	8
1991	全国授奖项数 National total	502	1	32	140	329
	中国科学院获奖数 Awards won by CAS	28		1	11	16
1992	全国授奖项数 National total	649	3	38	195	413
	中国科学院获奖数 Awards won by CAS	40		4	14	22
1993	全国授奖项数 National total	441	2	27	122	290
	中国科学院获奖数 Awards won by CAS	22		3	10	9
1995	全国授奖项数 National total	607	2	25	182	398
	中国科学院获奖数 Awards won by CAS	44		2	13	29

续表 8-9

年 份 Year	项 目 Item	获奖总项数 Total	特等奖 Special class	一等奖 1st class	二等奖 2nd class	三等奖 3rd class
1996	全国授奖项数 National total	536	4	20	169	343
	中国科学院获奖数 Awards won by CAS	31			8	23
1997	全国授奖项数 National total	475	3	19	150	303
	中国科学院获奖数 Awards won by CAS	21		1	10	10
1998	全国授奖项数 National total	471	3	22	133	313
	中国科学院获奖数 Awards won by CAS	24		2	6	16
1999	全国授奖项数 National total	476	2	17	143	314
	中国科学院获奖数 Awards won by CAS	20			6	14
2000	全国授奖项数 National total	250		22	228	
	中国科学院获奖数 Awards won by CAS	9			9	
2001	全国授奖项数 National total	191		17	174	
	中国科学院获奖数 Awards won by CAS	7		1	6	
2002	全国授奖项数 National total	218		18	200	
	中国科学院获奖数 Awards won by CAS	14			14	
2003	全国授奖项数 National total	216	1	16	199	
	中国科学院获奖数 Awards won by CAS	9			9	
2004	全国授奖项数 National total	244		16	228	
	中国科学院获奖数 Awards won by CAS	14		1	13	

续表 8-9

年 份 Year	项 目 Item	获奖总项数 Total	特等奖 Special class	一等奖 1st class	二等奖 2nd class	三等奖 3rd class
2005	全国授奖项数 National total	236		18	218	
	中国科学院获奖数 Awards won by CAS	18			18	
2006	全国授奖项数 National total	241	1	20	220	
	中国科学院获奖数 Awards won by CAS	13		2	11	
2007	全国授奖项数 National total	254		19	235	
	中国科学院获奖数 Awards won by CAS	14			14	
2008	全国授奖项数 National total	254	3	26	225	
	中国科学院获奖数 Awards won by CAS	14		1	13	
2009	全国授奖项数 National total	282	3	17	262	
	中国科学院获奖数 Awards won by CAS	14			14	
2010	全国授奖项数 National total	273	3	31	239	
	中国科学院获奖数 Awards won by CAS	12		1	11	
2011	全国授奖项数 National total	283	1	20	262	
	中国科学院获奖数 Awards won by CAS	12			12	

注：1. 国家科技进步奖 1986 年、1994 年停评。

Note: The evaluation of achievements for National S&T Progress Awards was suspended in 1986 and 1994 respectively.

2. 表中院获奖数是院直属单位为第一完成单位的获奖数。自 2000 年开始国家科技进步奖设一、二等奖。2003 年增设特等奖。

In the table, the number of awards won by CAS indicates the number of awards won by the CAS institution who is the first unit for the achievement. Since 2000, National S&T Progress Awards has had only 1st and 2nd class Awards. Since 2003, the Special Class Award of National S&T Progress Awards has been established.

8-10 获国家科学技术奖情况(2011 年)
S&T Achievements Granted with National S&T Awards: 2011

	合 计 Total	一等奖 1st class	二等奖 2nd class
总 计 Total	**31**		**31**
一、国家最高科学技术奖(人) State Supreme S&T Award (person)	1		
二、国家自然科学奖(项) National Natural Science Award (item)	13		13
数学与系统科学研究院 Academy of Mathematics and Systems Science	1		1
物理研究所 Inst. of Physics	2		2
理论物理研究所 Inst. of Theoretical Physics	1		1
化学研究所 Inst. of Chemistry	1		1
大连化学物理研究所 Dalian Inst. of Chemical Physics	1		1
地质与地球物理研究所 Inst. of Geology and Geophysics	1		1
广州地球化学研究所 Guangzhou Inst. of Geochemistry	1		1
生态环境研究中心 Research Center for Eco-Environmental Sciences	1		1
水生生物研究所 Inst. of Hydrobiology	1		1
植物研究所 Inst. of Botany	1		1
长春光学精密机械与物理研究所 Changchun Inst. of Optics，Fine Mechanics and Physics	1		1
上海硅酸盐研究所 Shanghai Inst. of Ceramics	1		1
三、国家技术发明奖(项) National Technology Invention Award (item)	6		6
上海技术物理研究所 Shanghai Inst. of Technical Physics	1		1
长春光学精密机械与物理研究所 Changchun Inst. of Optics，Fine Mechanics and Physics	1		1
合肥物质科学研究院 Hefei Institutes of Physical Sciences	1		1

续表 8-10

	合 计 Total	一等奖 1st class	二等奖 2nd class
生态环境研究中心 Research Center for Eco-Environmental Sciences	1		1
武汉物理与数学研究所 Wuhan Inst. of Physics and Mathematics	1		1
上海药物研究所 Shanghai Inst. of Materia Medica	1		1
四、国家科技进步奖(项) National S&T Progress Award (item)	12		12
福建物质结构研究所 Fujian Inst. of Research on the Structure of Matter	1		1
中国科学技术大学 University of Science and Technology of China	1		1
自动化研究所 Inst. of Automation	1		1
软件研究所 Inst. of Software	2		2
地理科学与资源研究所 Inst. of Geographic Sciences and Natural Resources Research	1		1
合肥物质科学研究院 Hefei Institutes of Physical Sciences	1		1
新疆生态与地理研究所 Xinjiang Inst. of Ecology and Geography	1		1
广州能源研究所 Guangzhou Inst. of Energy Conversion	1		1
武汉岩土力学研究所 Wuhan Inst. of Rock and Soil Mechanics	1		1
长春光学精密机械与物理研究所 Changchun Inst. of Optics，Fine Mechanics and Physics	2		2

注：1. 国家最高科学技术奖每年只奖励 2 人。

Note: State Supreme S&T Award is only given to 2 persons every year.

2. 总计中不包括国家最高科学技术奖。

The total number excludes the State Supreme S&T Award.

3. 表中院获奖数是院直属单位为第一完成单位的获奖数。

In the table, the number of awards won by CAS indicates the number of awards won by the CAS institution who is the first unit for the achievement.

九、院、所投资企业开发经营活动

BUSINESS ACTIVITIES OF CAS AND ITS INSTITUTION INVESTED ENTERPRISES

9-1 院、所投资企业总体情况

Statistical Indices of CAS and Its Institution Invested Enterprises

单位：万元 (ten thousand yuan)

项 目 Items	2004 年	2005 年	2006 年	2007 年	2008 年	2009 年	2010 年	2011 年
资产总额 Total assets	4944484	9180876	10176973	11526907	11789703	14996911	19493802	23452771
流动资产 Current assets	3485996	5991706	6661299	7948616	8010756	10550546	13577212	16368636
负债总额 Total liabilities	2671741	6725501	7131271	7970395	8049342	10139865	13026600	16534318
少数股东权益 Minority interests	486884	809412	767728	1118164	919473	1366288	1717296	1575099
所有者权益 Total owners' equity	1785859	2131230	2282877	2438210	2766393	3510513	4693098	5041821
营业收入 Operating income	5675970	12303978	15699028	17596445	17280195	17375585	22325182	24189938
营业成本 Cost of sales	4706021	10506167	13465011	14919015	14867146	14981227	19458555	23465252
费用总额 Total fees	654802	1544720	2121465	2131310	2131139	2040205	2304446	2974258
利润总额 Total profit	259406	313327	194633	673758	449017	647944	1000447	1021214
上缴税金总额 Total tax paid	160696	228822	257903	345459	344293	432787	430326	474279
利税总额 Total profit and tax	393752	478913	391970	753750	634211	878975	1220985	966516
创汇额(万美元) Foreign exchange income (ten thousand US dollars)	34334	181585	71902	502077	520738	376486	412266	371568
R&D 投入 R&D investment	153805	198740	336830	338667	205666	215371	276352	351682
成果获奖数(项) Achievements (item)	229	167	147	141	110	104	89	113
产品项目数(项) Number of products (item)	733	782	755	526	615	565	689	736

项　目 Items	2004 年	2005 年	2006 年	2007 年	2008 年	2009 年	2010 年	2011 年
上缴院所利润 Profit turned over to CAS and institutes	16335	23135	23818	24691	11702	49047	25407	27446
上缴院所费用 Fees turned over to CAS and institutes	5636	4625	4931	3565	3782	2590	4114	1982
在职职工总数(人) Total number of regular staff	58185	67198	73371	71283	71872	73524	86808	97744
统计企业数(个) Number of enterprises	432	450	459	492	521	516	551	562

注：1. 各项统计指标是按照企业法人为单位进行统计的。

Note: The statistical indices here are calculated by taking enterprises corporate as the legal bodies.

2. 在职职工总数：2003 年前数据为职工总数，含离退休人员。

The number of staff at work: the total number of staff at work before 2003 included the number of retired personnel.

9-2　院、所投资企业按在职职工总数分组(2011 年)

CAS and Its Institution Invested Enterprises, by Number of Staff: 2011

	合计 Total	1~10 人 1~10 persons	11~50 人 11~50 persons	51~100 人 51~100 persons	101~200 人 101~200 persons	201~300 人 201~300 persons	>300 人 >300 persons
企业数(个) Number of enterprises	562	130	213	81	77	19	42
(%)	100	23.13	37.91	14.41	13.70	3.38	7.47
人　数 Number of people	97744	627	5658	5786	10667	4765	70241
(%)	100	0.64	5.79	5.92	10.91	4.87	71.87

注：未提供人数的企业划在 1~10 人范围内。

Note: The number of people of the enterprises which do not provide data is assumed as less than 10.

9-3 院、所投资企业按营业收入分组(2011 年)

CAS and Its Institution Invested Enterprises, by Operating Income: 2011

单位：万元

	合 计 Total	0~<100	100~<500	500~ <1000	1000~ <5000	5000~ <10000	>10000
企业数(个) Number of enterprises	427	103	81	55	106	26	56
(%)	100	24.12	18.97	12.88	24.82	6.09	13.12
营业收入 Operating income	24189938	2716	22106	38724	249598	179111	23697682
(%)	100	0.01	0.09	0.16	1.03	0.74	97.97

注：表 9-3，表 9-4，表 9-7 中企业数(个)是以集团合并报表进行统计得出的结果。

Note: The number of enterprises in Table 9-3, Table 9-4 and Table 9-7 are calculated by taking the number of CAS invested group corporations statistical statement.

9-4 院、所投资企业按年利润总额分组(2011 年)

CAS and Its Institution Invested Enterprises, by Annual Profit: 2011

单位：万元

	合 计 Total	0 以下	0~ <100	100~ <500	500~ <1000	1000~ <5000	5000~ <10000	>10000
企业数(个) Number of enterprises	427	135	146	63	28	37	8	10
(%)	100	31.62	34.19	14.75	6.56	8.67	1.87	2.34
利润总额 Total profit	1021214	−92884	3714	15693	21014	80631	58664	934382
(%)	100	−9.10	0.36	1.54	2.06	7.90	5.74	91.50

9-5 营业收入排序前 30 名的院、所投资企业(2011 年)
Top 30 CAS and Its Institution Invested Enterprises in Business Income: 2011

单位：万元 (ten thousand yuan)

序号 No.	企 业 名 称 Name of enterprises	营业收入 Operating income
1	联想控股有限公司 Legend Holdings Ltd.	20912356
2	时代出版传媒股份有限公司 Time Publishing & Media Co.,Ltd.	243818
3	北京三环新材料高技术公司 Beijing Sanhuan New Materials High-Tech Inc.	236643
4	中国大恒（集团）有限公司 China Daheng Group	188431
5	成都地奥制药集团有限公司 Chengdu Di’ao Pharmaceutical Corporation, CAS	188163
6	中科软科技股份有限公司 Sinosoft Co., Ltd.	159852
7	曙光信息产业有限公司 Dawning Information Industrialigation Co., Ltd.	127501
8	中科英华高技术股份有限公司 Zhongke Yinghua High-tech Co., Ltd.	124021
9	中国科技出版传媒股份有限公司 China Science Publishing & Media Ltd.	123517
10	上海思富医药有限公司 Shanghai Siful Medicine Co., Ltd.	122210
11	青岛金王应用化学股份有限公司 QingDao Kingking Applied Chemistry Co.,Ltd.	109355
12	沈阳新松机器人自动化股份有限公司 SIASUN Robot&Automation Co.,Ltd.	78356
13	上海杰事杰新材料(集团)股份有限公司 Shanghai GENIUS Advanced Material Co., Ltd.	69451
14	上海中科合臣化学有限责任公司 Shanghai Synica Co.,Ltd.	69043
15	汉王科技股份有限公司 Beijing Hanwang Technology Co., Ltd.	53319
16	东方科学仪器进出口集团有限公司（本部） Oriental Scientific Instrument Import & Export Group Corporation	47249

续表 9-5

序号 No.	企 业 名 称 Name of enterprises	营业收入 Operating income
17	北京中关村科学城建设股份有限公司 Beijing Zhongguancun Science City Construction Holding	45834
18	北京中科资源有限公司 Beijing Zhongke Resource Co., Ltd.	45132
19	北京东方中科集成科技股份有限公司 Beijing Oriental JiCheng Co., Ltd.	42910
20	江西金世纪新材料股份有限公司 Jiangxi Golden Century Advanced Materials Co., Ltd.	39895
21	深圳市金科特种材料股份有限公司 Shenzhen Jinke Special Materials Co., Ltd.	39279
22	上海中科股份有限公司 Shanghai China Sciences Co., Ltd.	35655
23	东方科学仪器上海进出口有限公司 Oriental Scientific Instrument Shanghai I/ E Corporation	34507
24	甘肃海林中科科技股份有限公司 Gansu Hailing CAS S&T Holding Co., Ltd.	32767
25	上海新傲科技有限公司 Shanghai Simgui Technology Co., Ltd.	32320
26	上海尼赛拉传感器有限公司 Shanghai Nicera Sensor Co., Ltd.	31930
27	中科院成都信息技术有限公司 CASIT Chengdu Information Technology Co., Ltd.	31235
28	中国科学院国有资产经营有限责任公司 CAS Holding Co., Ltd.	29544
29	北京超图软件股份有限公司 SuperMap Software Co., Ltd.	29311
30	上海绿谷制药有限公司 Shanghai Green Valley pharmaceutical Co., LTD	28019

注:“合并”指合并会计报表，又称合并财务报表，即以母公司和子公司组成的企业集团为一会计主体，以母公司和子公司单独编制的个别会计报表为基础，由母公司编制的综合反映由母公司与子公司组成的企业集团经营成果、财务状况及其变动情况的会计报表。

Note: “Merged”refers to the merged statement of accounting or merged financial statement. It means the combined accounting statement of a group company consisting of parent company and subordinate companies, on the basis of the independent accounting statement of both the parent company and the subordinate companies. The merged accounting statement made by parent company indicates group company operating results, financial status and its changes of both the parent company and subordinate companies.

9-6 利润总额排序前 30 名的院、所投资企业(2011 年)

Top 30 CAS and Its Institution Invested Enterprises in Total Profit: 2011

单位：万元 (ten thousand yuan)

序号 No.	企业名称 Name of enterprises	利润总额 Total profit
1	联想控股有限公司 Legend Holdings Ltd.	641943
2	北京三环新材料高技术公司 Beijing Sanhuan New Materials High-Tech Inc.	110594
3	上海联创创业投资有限公司 Shanghai LianChuang Investing Co., Ltd.	43986
4	成都地奥制药集团有限公司 Chengdu Di'ao Pharmaceutical Corporation, CAS	39846
5	中国科学院国有资产经营有限责任公司 CAS Holding Co., Ltd.	28040
6	时代出版传媒股份有限公司 Time Publishing & Media Co., Ltd.	28019
7	沈阳新松机器人自动化股份有限公司 SIASUN Robot&Automation Co., Ltd.	22807
8	上海联创永宣创业投资企业 Shanghai Newmargin Venture Capital Enterprise	21623
9	中国科学院沈阳科学仪器股份有限公司 SKY Technology Development Co.,Ltd.	16979
10	曙光信息产业有限公司 Dawning Information Industrialigation Co., Ltd.	16492
11	江西金世纪新材料股份有限公司 Jiangxi Golden Century Advanced Materials Co., Ltd.	15150
12	安徽科大讯飞信息科技股份有限公司 Anhui USTC iFLYTEK Co., Ltd.	9978
13	中科软科技股份有限公司 Sinosoft Co., Ltd.	8169
14	福建福晶科技股份有限公司 Fujian Castech Crystals Inc.	7092

续表 9-6

序号 No.	企业名称 Name of enterprises	利润总额 Total profit
15	长春奥普光电技术股份有限公司 Changchun Aopu Opto-electronic Technology Co., Ltd.	6294
16	中科院成都信息技术有限公司 CASIT Chengdu Information Technology Co., Ltd.	5893
17	青岛金王应化学股份有限公司 QingDao Kingking Applied Chemistry Co., Ltd.	5607
18	北京超图软件股份有限公司 Beijing Supermap Software Co., Ltd.	5390
19	上海科大智能科技股份有限公司 Shanghai Csg Smart Science&Technology Co.,Ltd.	5138
20	北京中科天宁环保科技股份有限公司 Beijing CS Tianning Environmental Protection Technology Co.,Ltd	4752
21	上海思富医药有限公司 Shanghai SiFu Medicine Co., Ltd.	4470
22	北京视宝卫星图像有限公司 Beijing Spot Image Co., Ltd.	4303
23	南京中科集团股份有限公司 NanJing ZhongKe Group Co., Ltd.	4178
24	北京绿创声学工程股份有限公司 Beijing Greentec Acoustic Engineering Holding Co., Ltd.	4052
25	北京中科科仪股份有限公司 KYKY Technology Co., Ltd.	3852
26	科大恒星电子商务技术有限公司 USTC E-Business Technology Co.,Ltd.	3750
27	合肥科大立安安全技术股份有限公司 Hefei KDLIAN Safety Technology Co., Ltd.	3708
28	北京东方中科集成科技股份有限公司 Oriental Scientific Instrument Import & Export Group Corporation	3647
29	上海新傲科技有限公司 Shanghai Simgui Technology Co., Ltd.	3526
30	长春新产业光电技术有限公司 Changchun New Industries Optoelectronics Technology Co., Ltd.	3384

9-7 院、所投资企业经营情况按行业分类(2011 年)

Statistics of Business Operation of CAS and Its Institution Invested Enterprises, by Sector: 2011

行 业 Industry	企业数（个） Number of enterprises	营业收入（万元） Operating income (ten thousand yuan)	利润总额（万元） Annual profit (ten thousand yuan)
合 计 Total	**427**	**24189938**	**1021214**
采矿业 Mining	1	39895	15150
房地产业 Real estate	2	283	-134
公共管理和社会组织 Public management and social organization			
建筑业 Construction	11	30959	1166
教育 Education	1	2110	612
居民服务和其他服务业 Residential service and other services	54	735474	219615
科学研究、技术服务和地质勘查业 Science research, technical services and geological exploration	85	159598	10197
农、林、牧、渔业 Agriculture, forestry, animal husbandry and fishery	15	35489	-3892
批发和零售业 Whole sale and retail	9	172903	6026
水利、环境和公共设施管理业 Water conservancy, environment and public facility management	4	6253	560
金融业 Finance	3	2897	-873
文化、体育和娱乐业 Culture, sports and recreation industry	10	137361	18347
信息传输、计算机服务和软件业 Information, communication, computer services and software	48	411521	-11857
制造业 Manufacturing	168	22252229	756946
住宿和餐饮业 Lodging and food service	11	10331	483
租赁和商务服务业 Leasing industry and business services	4	192583	9483
交通运输、仓储和邮政业 Transportation, warehousing and post			
电力、燃气及水的生产和供应业 Power, gas & water production and supply industry	1	52	-615

9-8 院、所投资企业高新技术产品分类(2011 年)
High-technology Products of CAS and Its Institution Invested Enterprises: 2011

产品分类 Category	产品项目数(项) Number of products (item)	销售收入(万元) Sales income (ten thousand yuan)	出口额(万美元) Export value (ten thousand US dollars)
合 计 Total	**247**	**1122594**	**54513**
电子与信息 Electronics and information technology	90	214053	2249
先进制造 Advanced manufacture	50	95861	1109
生物、医药和医疗器械 Biology, medicine and medical equipment	21	115006	20
新材料 New materials	61	628872	50879
新能源与节能 New energy and energy-saving technology	15	22846	100
环境保护 Environment protection	1	2438	156
地球、空间及海洋工程 Earth, space and ocean	1	2490	
农业 Agriculture	3	3100	
航空航天 Aeronautics and space technology	1	16000	
核应用技术 Nuclear Application Techniques			
现代交通 Modern traffic	4	21928	

主要统计指标解释

1. 院、所投资企业

中国科学院及其所属各单位投资的全资、控股和参股企业。

2. 在职职工总数

在职职工总数包括固定合同制职工、聘用人员和临时工。

3. 少数股东权益

指集团公司的子公司所有者权益中不属于母公司的份额，在合并会计报表中用“少数股东权益”表示。

4. 所有者权益

所有者权益为资产总额扣除负债总额和少数股东权益后的余额。

5. 上缴税金总额

上缴税金总额包括增值税、营业税金及附加、所得税及其他税金的总和。

6. 营业收入

营业收入是指企业在生产经营活动中，由销售产品和商品、进行技术服务、提供劳务等取得的收入。

7. 利润总额

利润总额包括营业利润、投资净收益及营业外收支净额，为所得税前利润。

营业利润是指营业收入扣减成本、各种费用、流转税及附加税费的数额。

投资净收益是指投资收益扣除投资损失后的数额。

营业外收支净额为营业外收入减去营业外支出后的数额。

8. 利税总额

利税总额是税后净利润与全部上缴税金之和。

Explanatory Notes on Key Indicators

1. CAS and its institution invested enterprises

This refers to the wholly owned enterprises, holding companies and share holding companies invested by CAS and its institutions.

2. Total number of staff at work

This includes permanent and contract staff, invited engaged staff and temporary staff.

3. Minority interests

This refers to the share of the total owner's equity of the subordinate company in a group company which does not belong to the parent company. It is indicated as "Minority interests" on the merged statement of the group company accounting.

4. Total owner's equity

This refers to the total value of the assets in an enterprise after deducting all debts and minority shareholders' interests.

5. Total tax

This includes value added tax, business tax, surtax, income tax and other taxes.

6. Operating income

This refers to the income obtained by the enterprises in their production and business activities such as product sales, commodity sales, technical service and labor service.

7. Total profit

This refers to profit before income tax, including operation profit, net income from investment and non-operating profit. Operating profit refers to net income after deduction of cost, various expenditure, indirect tax and surtax. Net income from investment refers to investment income after deducting investment losses, and non-operating profit refers to non-operating income after deducting non-operating expenses.

8. Total profit from interest and tax

Total profit from benefits and tax refers to the net benefits plus total tax of enterprises.

十、院地合作

CAS AND LOCALITY COOPERATION

10-1 院地合作项目社会经济效益情况

General Statistics of CAS and Locality Cooperation Projects

年份 Year	项目数(项) Number of projects (item)	销售收入(万元) Sales income (ten thousand yuan)	利税总额(万元) Total profits and taxes (ten thousand yuan)
2001	858	1611200	351700
2002	1415	2430975	500720
2003	3002	3124331	594917
2004	2979	3589498	676499
2005	2434	4142053	759678
2006	2522	5123678	751205
2007	3415	6233741	1018048
2008	3867	9642015	1347276
2009	5108	14035242	2165263
2010	6796	20494943	3367632
2011	7012	26288144	4137872

注：1. 第 10 部分表中的项目数指：自 1996 年以来中国科学院院属单位通过科技成果转化到地方企业并正在实施的合作项目的数量。

Note: The project index in section 10 refers to the data of cooperative projects transferred by CAS institutions, since 1996, to the local enterprises, and being implemented in the current years.

2. 第 10 部分表中的销售收入及利税总额指：自 1996 年以来中国科学院院属单位通过科技成果转移转化在地方企业当年产生的销售收入及利税总额。

The sales income and profits & taxes in section 10 refer to the total sales income and profits taxes generated by the projects transferred by CAS institutions, since 1996, to the local enterprises.

10-2 院地合作项目按销售收入分组(2011 年)

CAS and Locality Cooperation Projects, by Sales Income: 2011

	合计 Total	3000 万元以下 Under 30 million Yuan	3000 万~5000 万元 30~50 million Yuan	5000 万~10000 万元 50~100 million Yuan	1 亿元以上 Over 100 million Yuan
项目数(项) Number of projects (item)	7012	5513	446	555	498
(%)	100	78.6	6.4	7.9	7.1
销售收入(亿元) Sales income (100 million yuan)	2628.8	196.3	167.6	364.8	1900.1
(%)	100	7.5	6.4	13.9	72.3

10-3 院地合作项目按分院分类(2011 年)
CAS and Locality Cooperation Projects, by Branches: 2011

分院及地区 Branch and region	项目数(项) Number of projects (item)	销售收入(万元) Sales income (ten thousand yuan)	利税总额(万元) Total profits and taxes (ten thousand yuan)
总　计 Total	**7012**	**26288144**	**4137872**
北京分院(筹) Beijing Branch	1338	2801738	244857
沈阳分院 Shenyang Branch	785	3926205	730642
长春分院 Changchun Branch	276	1214495	131475
上海分院 Shanghai Branch	1091	4131799	694604
南京分院 Nanjing Branch	1223	5346688	908930
合肥物质科学研究院 Hefei Institutes of Physical Sciences	545	1315228	161782
武汉分院 Wuhan Branch	193	1191757	151322
广州分院 Guangzhou Branch	604	3520000	406690
成都分院 Chengdu Branch	442	962942	183709
昆明分院 Kunming Branch	153	862885	412300
西安分院 Xi'an Branch	152	295335	45819
兰州分院 Lanzhou Branch	91	445390	45179
新疆分院 Xinjiang Branch	119	273682	20563

注：为充分发挥分院在院地合作中的作用，将全国 31 个省、自治区、直辖市（除港、澳、台外）按分院进行了院地合作工作区域的划分，北京分院(筹)：北京市、天津市、河北省、山西省、内蒙古自治区；沈阳分院：辽宁省、山东省；长春分院：吉林省、黑龙江省；上海分院：上海市、浙江省、福建省；南京分院：江苏省、江西省；合肥物质科学研究院：安徽省、河南省；武汉分院：湖北省、湖南省；广州分院：广东省、广西壮族自治区、海南省；成都分院：四川省、重庆市、西藏自治区；昆明分院：云南省、贵州省；西安分院：陕西省、宁夏回族自治区；兰州分院：甘肃省、青海省；新疆分院：新疆维吾尔自治区。

Note: In order to bring CAS Branches into full play in the cooperation between CAS and local governments and enterprises, CAS has put this responsibility on each of its Branches covering the nation's 31 provinces, municipalities and autonomous regions except Hong Kong, Macao, and Taiwan Regions. The main responsible areas for eath Branch are derided as followings: Beijing Area is responsible for Beijing, Tianjin, Hebei Province, Shanxi Province, Inner Mongolian Autonomous Region; Shenyang Branch for Liaoning Province, Shandong Province; Changchun Branch for Jilin Province, Heilongjiang Province; Shanghai Branch for Shanghai, Zhejiang Province, Fujian Province; Nanjing Branch for Jiangsu Province, Jiangxi Province; Hefei Institutes of physical Sciences for Anhui Province, Henan Province; Wuhan Branch for Hubei Province, Hunan Province; Guangdong Branch for Guangzhou Province, Guangxi Zhuang Autonomous Region, Hainan Province; Chengdu Branch for Sichuan Province, Chongqing, Tibet Autonomous Region; Kunming Branch for Yunnan Province, Guizhou Province; Xi'an Branch for Shaanxi Province, Ningxia Hui Autonomous Region; Lanzhou Branch for Gansu Province, Qinghai Province; Xinjiang Branch for Xinjiang Uygur Autonomous Region.

10-4 院地合作项目社会经济效益超过10亿元的单位(2011年)

Institutions with Sales Income Surpassing One Billion RMB Generated from CAS and Locality Cooperation: 2011

单位名称 Names of institutes	项目数(项) Number of projects (item)	销售收入(万元) Sales income (ten thousand yuan)	利税总额(万元) Total profits and taxes (ten thousand yuan)
大连化学物理研究所 Dalian Inst. of Chemical Physics	425	1446974	267836
嘉兴应用技术研发与转化中心 Zhejiang Institute of Advanced Technology	96	1357907	146579
金属研究所 Inst. of Metal Research	643	1326440	204723
长春应用化学研究所 Changchun Inst. of Applied Chemistry	215	1164326	166230
中国科学技术大学 University of Science and Technology of China	521	1119656	411573
沈阳自动化研究所 Shenyang Inst. of Automation	294	960710	128884
过程工程研究所 Inst. of Process Engineering	375	898598	110142
自动化研究所 Inst. of Automation	67	672972	89733
理化技术研究所 Technical Inst. of Physics and Chemistry	190	650021	125571
化学研究所 Institute of Chemistry	87	646014	122202
深圳先进技术研究院 Shenzhen Institutes of Advanced Technology	118	593542	62162
沈阳应用生态研究所 Shenyang Inst. of Applied Ecology	87	550647	62450
湖南产业技术创新与育成中心 Hunan Technology Transfer Center	54	541835	54921
上海硅酸盐研究所 Shanghai Inst. of Ceramics	88	539844	81511
合肥物质科学研究院 Hefei Institutes of Physical Sciences	235	527313	76472
海洋研究所 Inst. of Oceanology	120	522909	133636
工程热物理研究所 Inst. of Engineering Thermophysics	45	487010	106358

续表 10-4

单位名称 Names of institutes	项目数(项) Number of projects (item)	销售收入(万元) Sales income (ten thousand yuan)	利税总额(万元) Total profits and taxes (ten thousand yuan)
力学研究所 Inst. of Mechanics	62	477053	48948
成都生物研究所 Chengdu Inst. of Biology	70	449235	34706
上海生命科学研究院 Shanghai Institutes for Biological Sciences	73	412887	39812
广州能源研究所 Guangzhou Inst. of Energy Conversion	82	398812	48521
南海海洋研究所 South China Sea Inst. of Oceanology	22	398200	41155
宁波材料技术与工程研究所 Ningbo Inst. of Material Technology and Engineering	75	386078	45126
计算技术研究所 Inst. of Computing Technology	80	362070	54815
山西煤炭化学研究所 Shanxi Inst. of Coal Chemistry	47	357040	33266
福建物质结构研究所 Fujian Inst. of Research on the Structure of Matter	22	348758	70319
电工研究所 Inst. of Electrical Engineering	54	340079	59572
上海有机化学研究所 Shanghai Inst. of Organic Chemistry	106	320747	76417
近代物理研究所 Inst. of Modern Physics	32	310131	50341
华南植物园 South China Botanical Garden	22	302300	46300
唐山高新技术研究与转化中心 Tangshan Research and Commercialization Center for High-tech	21	295616	8383
微生物研究所 Inst. of Microbiology	79	283313	56494
半导体研究所 Inst. of Semiconductors	30	264833	19108
南京土壤研究所 Nanjing Inst. of Soil Science	62	264368	37926
兰州化学物理研究所 Lanzhou Inst. of Chemical Physics	124	263166	39873
长春光学精密机械与物理研究所 Changchun Inst. of Optics，Fine Mechanics and Physics	54	260601	38442

续表 10-4

单位名称 Names of institutes	项目数(项) Number of projects (item)	销售收入(万元) Sales income (ten thousand yuan)	利税总额(万元) Total profits and taxes (ten thousand yuan)
中国科学院成都有机化学有限公司 CAS Chengdu Organic Chemical Co., Ltd.	127	249214	44766
成都山地灾害与环境研究所 Chengdu Inst. of Mountain Hazards and Environment	33	246000	28910
亚热带区域农业研究所 Inst. of Subtropical Agriculture	15	235241	21056
中科院成都信息技术有限公司 CAS Chengdu Information Technology Co., Ltd.	106	214745	80512
软件研究所 Inst. of Software	59	214069	42573
物理研究所 Inst. of Physics	26	195764	22209
水生生物研究所 Inst. of Hydrobiology	40	195139	24184
中科院广州化学有限公司 CAS Guangzhou Chemistry Co., Ltd.	42	190971	22934
上海技术物理研究所 Shanghai Inst. of Technical Physics	84	180883	15863
山东综合技术转移中心 Shandong Technology Transfer Center	17	168182	29665
武汉物理与数学研究所 Wuhan Inst. of Physics and Mathematics	7	163948	32988
微电子研究所 Inst. of Microelectronics	88	160822	17677
中国科学院泰州应用技术研发及产业化中心 CAS Taizhou Institute of Applied Technology and industrialization of research and Development Center	11	159283	29275
上海药物研究所 Shanghai Inst. of Materia Medica	53	135287	29627
声学研究所 Inst. of Acoustics	53	132335	11803
中科院广州电子技术有限公司 CAS Guangzhou Electronics Technology Co., Ltd.	39	109000	11330
地球化学研究所 Inst. of Geochemistry	12	105814	39916

十一、国际合作及与港、澳、台地区交流

INTERNATIONAL COOPERATION PLUS EXCHANGES WITH HONG KONG, MACAO AND TAIWAN REGIONS

11-1 国际合作及与港、澳、台地区交流情况

International Cooperation plus Exchanges with Hong Kong, Macao and Taiwan Regions

单位：人次 (person · time)

年份 Year	派出 CAS staff sent overseas	邀请 Visitors hosted by CAS	年份 Year	派出 CAS staff sent overseas	邀请 Visitors hosted by CAS
1950	16		1988	3344	3518
1951	11		1989	4077	2097
1952	5		1990	4456	2184
1953	53		1991	4459	2544
1954	45	3	1992	4164	2425
1955	84	84	1993	4378	2719
1956	226	204	1994	4319	1835
1957	133	248	1995	4484	2554
1958	159	345	1996	5432	2018
1959	103	302	1997	5247	2990
1960	119	192	1998	5035	2861
1961	75	27	1999	7237	2895
			2000	6622	2929
1976	147	200	2001	7304	8576
1977	217	322	2002	8460	7987
1978	587	571	2003	7370	6730
1979	784	1074	2004	7638	11646
1980	950	1760	2005	8153	13421
1981	1119	1211	2006	8922	17481
1982	1322	992	2007	10058	17209
1983	1222	1798	2008	8638	16480
1984	1827	1845	2009	10447	17668
1985	1713	3197	2010	11972	18814
1986	1310	3770	2011	13878	17624
1987	2216	2558			

注：2002 年的邀请统计中包含了顺访外宾人次。

Note: The statistics of invited visitors in 2002 include the number of short visits.

11-2 国际合作及与港、澳、台地区交流邀请项目按类型分类(2011 年)

Statistics of Visitors Hosted by CAS, by Type of Exchange: 2011

单位：人次 (person・time)

国家与地区 Country and region	按交流形式分类统计 By type of exchange						
	小计 Subtotal	考察访问 Academic visit	合作研究 Joint research	国际会议 International conference	培训 Training	科技展览 S&T exhibition	其他 Others
合计 Total	**17624**	**5548**	**4696**	**6628**	**344**	**67**	**341**
亚洲 Asia	3947	1116	889	1766	121	7	48
阿富汗 Afghanistan	4		2	2			
阿拉伯联合酋长国 United Arab Emirates	1	1					
阿塞拜疆 The Republic of Azerbaijan	2			1	1		
阿曼 Oman	12	12					
巴基斯坦 Pakistan	102	28	34	31	7		2
巴勒斯坦 Palestine	2						2
不丹 Kingdom of Bhutan	1		1				
朝鲜 PDRK	80	35	10	23	12		
菲律宾 Philippines	33	5	8	13	7		
格鲁吉亚 Georgia	1			1			
哈萨克斯坦 Kazakhstan	37	7	10	16	4		
韩国 Korea	707	165	146	368	7	1	20
吉尔吉斯斯坦 Kyrgyzstan	11	5		6			
柬埔寨 Cambodia	12			10	2		
老挝 Laos	29	15	5	5	4		

续表 11-2

国家与地区 Country and region	按交流形式分类统计 By type of exchange						
	小 计 Subtotal	考察访问 Academic visit	合作研究 Joint research	国际会议 International conference	培 训 Training	科技展览 S&T exhibition	其 他 Others
黎巴嫩 Lebanon	1				1		
马来西亚 Malaysia	41	12	10	14	4		1
蒙古 Mongolia	26	2	3	16	3		2
孟加拉国 Bangladesh	18	4	2	9	3		
缅甸 Myanmar	6	4		2			
尼泊尔 Nepal	55	12	15	16	11		1
日本 Japan	1555	366	417	755	7		10
沙特阿拉伯 Saudi Arabia	7	4	2	1			
斯里兰卡 Sri Lanka	14	1	2	11			
塔吉克斯坦 Tajikistan	6		5		1		
泰国 Thailand	218	144	9	55	9		1
土耳其 Turkey	33	4	4	25			
文莱 Brunei Darussalam	4	1		2	1		
乌兹别克斯坦 Uzbekistan	41	4	9	26	2		
新加坡 Singapore	255	100	49	89	6	6	5
亚美尼亚 The Republic of Armenia	9		1	8			
也门共和国 The Republic of Yemen	2						2
伊朗 Iran	78	32	15	28	3		
以色列 Israel	131	28	68	34			
印度 India	304	79	49	163	12		

国家与地区 Country and region	按交流形式分类统计 By type of exchange						
	小 计 Subtotal	考察访问 Academic visit	合作研究 Joint research	国际会议 International conference	培 训 Training	科技展览 S&T exhibition	其 他 Others
印度尼西亚 Indonesia	38	13	2	13	10		
约旦 Jordan	5		1	4			
越南 Vietnam	52	25	4	19	4		
亚洲其他国家 Others in Asia	14	8	6				
欧洲 Europe	5888	1617	1781	2200	114	45	131
爱尔兰 Ireland	25	2	3	20			
爱沙尼亚 Estonia	5		3	2			
安道尔 The Principality of Andorra	1		1				
奥地利 Austria	51	20	17	14			
白俄罗斯 Belarus	18	4	13	1			
保加利亚 Bulgaria	3	1	1	1			
比利时 Belgium	86	20	32	34			
冰岛 Iceland	3	2		1			
波兰 Poland	75	26	18	31			
丹麦 Denmark	152	85	20	45	1		1
德国 Germany	1428	349	456	505	59	13	46
俄罗斯 Russia	557	90	222	228	3	12	2
法国 France	959	282	317	322	11		27
芬兰 Finland	35	12	9	14			
荷兰 Netherlands	324	128	92	63	1	4	36
捷克共和国 Czech Republic	70	26	14	30			

续表 11-2

国家与地区 Country and region	按交流形式分类统计 By type of exchange						
	小 计 Subtotal	考察访问 Academic visit	合作研究 Joint research	国际会议 International conference	培 训 Training	科技展览 S&T exhibition	其 他 Others
克罗地亚共和国 Republic of Croatia	10		9	1			
拉脱维亚 Latvia	3	2		1			
立陶宛 Lithuania	10	3	1	4			2
卢森堡 The Grand Duchy of Luxembourg	1			1			
马耳他 The Republic of Malta	1	1					
罗马尼亚 Romania	22	5	3	14			
摩纳哥 The Principality of Monaco	1		1				
挪威 Norway	80	25	25	29			1
葡萄牙 Portugal	40	5	5	30			
瑞典 Sweden	119	33	46	40			
瑞士 Switzerland	244	130	34	78	2		
塞浦路斯 The Republic of Cyprus	3		2	1			
斯洛伐克共和国 Slovak Republic	5	2	1	1			1
斯洛文尼亚共和国 The Republic of Slovenia	7	2	4	1			
乌克兰 Ukraine	35		21	14			
西班牙 Spain	125	17	21	86			1
希腊 Greece	43	3	9	30	1		
匈牙利 Hungary	20	13		7			
意大利 Italy	268	28	65	173	2		
英国 England	1057	300	316	377	34	16	14

续表 11-2

国家与地区 Country and region	按交流形式分类统计 By type of exchange						
	小 计 Subtotal	考察访问 Academic visit	合作研究 Joint research	国际会议 International conference	培 训 Training	科技展览 S&T exhibition	其 他 Others
欧洲其他国家(地区) Others in Europe	2	1		1			
非洲 Africa	343	217	33	75	11		7
阿尔及利亚 Algeria	9	6	2	1			
埃及 Egypt	27	6	6	11	2		2
埃塞俄比亚 Ethiopia	10	8	2				
贝宁 The Republic of Benin	8	6		2			
布隆迪 Burundi	4	3	1				
多哥 The Republic of Togo	5	5					
刚果布 Congo-Brazzaville	12	12					
几内亚 The Republic of Guinea	10	3		7			
加纳 Ghana	8	3		3	2		
加蓬 The Gabonese Republic	3	3					
津巴布韦 Zimbabwe	2		1	1			
喀麦隆 Cameroon	10	3	4	1	2		
科摩罗 Union of Comoros	6	6					
肯尼亚 Kenya	10	5	2	3			
莱索托 The Kingdom of Lesotho	2	2					
卢旺达 Rwanda	9	8		1			
马达加斯加 Madagascar	7	7					
马拉维 The Republic of Malawi	1	1					

续表 11-2

国家与地区 Country and region	按交流形式分类统计 By type of exchange						
	小 计 Subtotal	考察访问 Academic visit	合作研究 Joint research	国际会议 International conference	培 训 Training	科技展览 S&T exhibition	其 他 Others
马里 The Republic of Mali	8	8					
毛里求斯 The Republic of Mauritius	3	3					
毛里塔尼亚 The Islamic Republic of Mauritania	6	5		1			
摩洛哥 Morocco	9	5	1	2	1		
南非 South Africa	86	64		22			
尼日尔 Niger	8	8					
尼日利亚 Nigeria	34		11	16	2		5
塞内加尔 Senegal	7	7					
苏丹 Sudan	5	4	1				
突尼斯 Tunisia	7	5	1	1			
乌干达 Uganda	10	7	1	2			
赞比亚 Zambia	1	1					
乍得 The Republic of Chad	8	8					
中非 The Central African Republic	5	5					
非洲其他国家 Others in Africa	3			1	2		
北美洲 North America	5217	1816	1582	1698	45	15	61
加拿大 Canada	461	168	163	113	5		12
美国 USA	4718	1644	1418	1553	40	15	48
墨西哥 Mexico	35	1	1	32			1
牙买加 Jamaica	3	3					

续表 11-2

国家与地区 Country and region	按交流形式分类统计 By type of exchange						
	小 计 Subtotal	考察访问 Academic visit	合作研究 Joint research	国际会议 International conference	培 训 Training	科技展览 S&T exhibition	其 他 Others
南美洲 South America	136	39	37	50	10		
阿根廷 Argentina	27	3	11	13			
巴拿马 Panama	1		1				
巴西 Brazil	64	25	13	26			
哥伦比亚 Colombia	8		1	3	4		
哥斯达黎加 Costarica	1			1			
古巴 Cuba	3	3					
秘鲁 Peru	6		2		4		
委内瑞拉 Venezuela	2			2			
智利 Chile	24	8	9	5	2		
大洋洲 Oceania	648	257	151	217	14		9
澳大利亚 Australia	602	247	128	209	11		7
基里巴斯 The Republic of Kiribati	8		8				
新西兰 New Zealand	38	10	15	8	3		2
港澳台地区 Hong Kong, Macao and Taiwan Regions	1400	441	223	622	29		
澳门 Macao	68	53	12	3			
香港 Hong Kong	459	183	128	134	2		
台湾 Taiwan	873	205	83	485	27		
联合国及所属机构和其他国际组织 Others in UN System	45	45					

11-3 国际合作及与港、澳、台地区交流派出项目按类型分类(2011 年)

Statistics of CAS Staff Sent Overseas, by Type of Exchange: 2011

单位：人次 (person・time)

国家与地区 Country and region	按交流形式分类统计 By type of exchange						
	小 计 Subtotal	考察访问 Academic visit	合作研究 Joint research	国际会议 International conference	培 训 Training	科技展览 S&T exhibition	其 他 Others
合 计 Total	**13878**	**1642**	**2838**	**8596**	**475**	**59**	**268**
亚洲 Asia	2722	315	526	1751	55	16	59
阿拉伯联合酋长国 United Arab Emirates	14	3		11			
阿曼 Oman	1			1			
巴基斯坦 Pakistan	26	19	3	4			
不丹 Kingdom of Bhutan	1			1			
朝鲜 PDRK	7		7				
菲律宾 Philippines	14		3	10	1		
格鲁吉亚 Georgia	1			1			
哈萨克斯坦 Kazakhstan	36	7	23	5	1		
韩国 Korea	610	28	83	485	10	2	2
吉尔吉斯斯坦 Kyrgyzstan	3	2		1			
柬埔寨 Cambodia	15	2		13			
卡塔尔 Qatar	4	2		2			
科威特 The State of Kuwait	1			1			
老挝 Laos	17	12	3	1	1		
马来西亚 Malaysia	64	2	4	58			

续表 11-3

国家与地区 Country and region	按交流形式分类统计 By type of exchange						
	小 计 Subtotal	考察访问 Academic visit	合作研究 Joint research	国际会议 International conference	培 训 Training	科技展览 S&T exhibition	其 他 Others
蒙古 Mongolia	35	10	21	4			
缅甸 Myanmar	15	15					
尼泊尔 Nepal	42	16	6	15	4		1
日本 Japan	1002	105	255	589	27	11	15
沙特阿拉伯 Saudi Arabia	14	6	3	5			
斯里兰卡 Sri Lanka	64	4	15	6			39
塔吉克斯坦 Tajikistan	26	7	8	11			
泰国 Thailand	139	7	5	123	4		
土耳其 Turkey	54		4	49	1		
土库曼斯坦 Turkmenistan	1			1			
乌兹别克斯坦 The Republic of Uzbekistan	14	7	7				
新加坡 Singapore	277	19	47	206	3		2
叙利亚 Syria	1				1		
伊朗 Iran	9			9			
以色列 Israel	31	15	6	10			
印度 India	102	2	17	83			
印度尼西亚 Indonesia	28	6	3	16		3	
约旦 Jordan	3			3			
越南 Vietnam	49	19	3	25	2		

续表 11-3

国家与地区 Country and region	按交流形式分类统计 By type of exchange						
	小 计 Subtotal	考察访问 Academic visit	合作研究 Joint research	国际会议 International conference	培 训 Training	科技展览 S&T exhibition	其 他 Others
亚洲其他国家 Others in Asia	2			2			
欧洲 Europe	4701	502	1241	2553	280	23	102
波斯尼亚-黑塞哥维那 Bosnia and Herzegovina	4			4			
摩纳哥 The Principality of Monaco	1			1			
塞浦路斯 The Republic of Cyprus	3			3			
爱尔兰 Ireland	20	1	3	16			
爱沙尼亚 Estonia	8		7	1			
奥地利 Austria	136	9	25	92	9		1
白俄罗斯 Belarus	19	5	7	6			1
保加利亚 Bulgaria	13			13			
比利时 Belgium	95	6	19	70			
冰岛 Iceland	15	3		12			
波兰 Poland	53	1	11	41			
丹麦 Denmark	123	24	25	66	6		2
德国 Germany	1070	102	322	447	153	16	30
俄罗斯 Russia	323	50	170	97		2	4
法国 France	718	80	175	421	22		20
芬兰 Finland	74	2	27	41			4
荷兰 Netherlands	191	28	64	96	2		1

续表 11-3

国家与地区 Country and region	按交流形式分类统计 By type of exchange						
	小 计 Subtotal	考察访问 Academic visit	合作研究 Joint research	国际会议 International conference	培 训 Training	科技展览 S&T exhibition	其 他 Others
捷克共和国 Czech Republic	144	3	20	118	2		1
克罗地亚共和国 Republic of Croatia	5	4	1				
拉脱维亚 Latvia	1			1			
卢森堡 The Grand Duchy of Luxembourg	2		2				
罗马尼亚 Romania	12		1	10	1		
科索沃 The Republic of Kosovo	1			1			
挪威 Norway	53	8	19	26			
葡萄牙 Portugal	25	1	7	15	2		
瑞典 Sweden	103	25	32	44	1		1
瑞士 Switzerland	271	32	66	148	18		7
斯洛伐克共和国 Slovak Republic	5		3	2			
斯洛文尼亚共和国 Republic of Slovenia	3		1	2			
乌克兰 Ukraine	38	7	17	14			
西班牙 Spain	227	11	19	187	6		4
希腊 Greece	47			47			
匈牙利 Hungary	33		5	28			
意大利 Italy	315	22	68	200	16		9
英国 England	547	78	125	280	42	5	17

续表 11-3

国家与地区 Country and region	按交流形式分类统计 By type of exchange						
	小 计 Subtotal	考察访问 Academic visit	合作研究 Joint research	国际会议 International conference	培 训 Training	科技展览 S&T exhibition	其 他 Others
欧洲其他国家（地区） Others in Europe	3			3			
非洲 Africa	150	29	32	74	13		2
博茨瓦纳 The Republic of Botswana	3	3					
摩洛哥 The Kingdom of Morocco	7			7			
塞内加尔 The Republic of Senegal	4	3		1			
埃及 Egypt	20	2		5	11		2
埃塞俄比亚 Ethiopia	6	2	3	1			
布隆迪 Burundi	4		4				
津巴布韦 Zimbabwe	2	2					
几内亚 The Republic of Guinea	2	2					
喀麦隆 Cameroon	1			1			
肯尼亚 Kenya	18	7	9	2			
利比亚 Libya	2				2		
纳米比亚 The Republic of Namibia	1		1				
南非 South Africa	68	2	9	57			
尼日利亚 Nigeria	3	3					
苏丹 The Republic of Sudan	3		3				
坦桑尼亚 Tanzania	4	1	3				
乌干达 Uganda	1	1					

续表 11-3

国家与地区 Country and region	按交流形式分类统计 By type of exchange						
	小 计 Subtotal	考察访问 Academic visit	合作研究 Joint research	国际会议 International conference	培 训 Training	科技展览 S&T exhibition	其 他 Others
赞比亚 Zambia	1	1					
北美洲 North America	3767	315	773	2495	97	4	83
安提瓜和巴布达 Antigua and Barbuda	1		1				
波多黎各 The Commonwealth of Puerto Rico	18			18			
加拿大 Canada	491	34	109	323	7		18
美国 USA	3229	280	661	2130	90	4	64
墨西哥 Mexico	27	1	2	23			1
牙买加 Jamaica	1			1			
南美洲 South America	152	33	25	90	3		1
阿根廷 Argentina	28	10	13	5			
巴拿马 Panama	1			1			
巴西 Brazil	55	14	3	35	3		
哥斯达黎加 Costarica	3			3			
古巴 Cuba	8	2	4	2			
马达加斯加 Madagascar	2			2			
秘鲁 Peru	4		4				
委内瑞拉 Venezuela	1			1			
智利 Chile	50	7	1	41			1

续表 11-3

国家与地区 Country and region	按交流形式分类统计 By type of exchange						
	小 计 Subtotal	考察访问 Academic visit	合作研究 Joint research	国际会议 International conference	培 训 Training	科技展览 S&T exhibition	其 他 Others
大洋洲 Oceania	663	62	127	446	6	10	12
基里巴斯 The Republic of Kiribati	2	2					
密克罗尼西亚联邦 Federated States of Micronesia	10		6				4
澳大利亚 Australia	593	49	105	417	6	10	6
新西兰 New Zealand	58	11	16	29			2
南极洲 Antarctica	15	7	6				2
南极 South Pole	15	7	6				2
北极洲 Arctic	5	5					
北极 North Pole	5	5					
港澳台地区 Hong Kong, Macao and Taiwan regions	1695	366	108	1187	21	6	7
澳门 Macao	570	81	73	383	21	6	6
香港 Hong Kong	57	19	19	18			1
台湾 Taiwan	1068	266	16	786			
其他 Others	8	8					

11-4 在国际组织任职人员情况 (2011.12)

Statistics of CAS Professionals Holding Posts in Various International Organizations:(December, 2011)

	人 数 Person		人 数 Person
一、在国际组织任职人员分布情况 International organizations in which CAS professionals hold posts	672	国际催化学会联盟 International Association of Catalysis Societies (IACS)	1
发展中国家科学院 The Academy of Sciences for the Developing World (TWAS)	160	国际动物学会 The International Society of Zoological Sciences (ISZS)	2
国际天文学联盟 International Astronomical Union (IAU)	5	亚洲科学院协会 Association of Academies of Sciences in Asia (AASA)	1
国际山地综合开发中心 International Center for Integrated Mountain Development (ICIMOD)	2	国际心理学联合会 International Union of Psychological Science (IUPsyS)	3
联合国教科文组织 United Nations Educational, Scientific and Cultural Organization (UNESCO)	4	其他国际组织 Other international organizations	457
国际自然与自然资源保护联盟 International Union for Conservation of Natural Resources (IUCN)	12	二、其中在国际组织担任重要职务情况 Of which, major posts held by CAS professionals	163
国际纯粹与应用化学联盟 International Union of Pure and Applied Chemistry (IUPAC)	5	主席 President	47
国际纯粹与应用物理学联盟 International Union of Pure and Applied Physics (IUPAP)	6	副主席 Vice President	35
国际地圈生物圈计划 The International Geosphere Biosphere Program (IGBP)	6	常务理事 Executive Council Member	65
国际科学理事会 International Council for Science(ICS)	3	国家代表 National Representative	9
国际第四纪研究联盟 International Union for Quaternary Research (INQUA)	3	秘书长 Secretary-General	7
国际科学院委员会 Interacademy Council (IAC)	1	三、在国际组织任职人员中的院士人数 Number of CAS and CAE members who hold international organization posts	148
国际科学院组织 Interacademy Panel on International Issues (IAP)	1		

十二、文献情报、图书出版

DOCUMENTATION, INFORMATION AND PUBLICATION

12-1 文献情报系统馆藏文献情况

Statistics of Documentation Collected by CAS Documentation and Information System

单位：万册 (ten thousand volumes)

年 份 Year	文献收藏总量 Total collection		图 书 Books			期 刊 Periodicals			其他文献 Others
		其中: 国家科学图书馆总分馆藏书量 Of which: Total books collected by NSL and 3 Branches	合 计 Total	中 文 Chinese	外文 Foreign languages	合 计 Total	中 文 Chinese	外 文 Foreign languages	
1950	63	34	51			12	6	6	
1955	272	118	182	115	67	88	26	62	2
1959	813	413	484	347	137	314	81	233	15
1965	1542	849	851	608	243	664	221	433	27
1978	867	692	367	184	183	193	102	91	307
1981	1753	876	668	354	314	679	190	489	406
1985	2104	962	600	312	288	1089	352	737	415
1988	2935	1240	679	359	320	1809	367	1442	447
1990	2565	1033	836	402	434	1729	357	1372	530
1991	3306	1269	810	392	418	1834	396	1438	662
1992	3032	1446	821	402	419	1553	353	1200	658
1993	3006	1450	786	409	377	1563	364	1199	657
1994	3032	1224	791	456	335	1592	368	1224	649
1995	3632	1232	768	394	374	2236	533	1703	628
1996	3700	1248	764	405	359	2316	549	1767	620
1997	3673	1271	681	339	342	2366	567	1799	626
1998	3606	1345	586	282	304	2295	540	1754	726
1999	4150	1358	629	322	307	2180	564	1616	1342
2000	3807	1365	782	450	332	2183	555	1627	843
2001	3624	1377	741	431	311	2037	538	1499	846
2002	3284	1105	678	416	263	1739	522	1216	868
2003	3194	1432	691	390	301	1713	551	1162	790
2004	3432	1667	711	402	309	1897	556	1341	824
2005	3311	1714	692	394	298	1894	566	1328	725
2006	3327	1369	663	375	288	1943	617	1326	721
2007	3341	1527	681	393	288	1790	525	1265	870
2008	3322	1524	642	375	267	1733	514	1219	947
2009	3923	1506	485	245	240	2528	531	1997	910
2010	4045	1614	486	245	241	2589	543	2046	970
2011	3846	1400	491	247	244	2604	548	2056	751

注：1. 中国科学院国家科学图书馆(筹)。

Note: National Science Library, Chinese Academy of Sciences.

2. 中国科学院文献情报系统包括中国科学院国家科学图书馆总馆、分馆和研究所文献情报机构。
CAS documentation and information system includes NSL, 3 Branches and documentation and information services in the institutes of CAS.

12-2 数字文献资源建设(2011 年)
Digital Documentation Resources: 2011

	开通数据库(种) Accessible data bank (title)		全文期刊(种) Full-text periodicals (title)		自建数据库(种) Independent data bank (title)	
	二次文献数据库 Secondary document bank	全文数据库 Full-text data bank	外文 Foreign languages	中文 Chinese	文献库 Document bank	非文献库 Non-document bank
总 计 Total	**55**	**298**	**37784**	**38820**	**127**	**189**
其中：国家科学图书馆总分馆 Of which: Collected by NSL and 3 Branches	36	113	15190	11582	16	15

12-3 文献情报系统馆藏图书、期刊情况(2011 年)
Statistics of Books and Periodicals Collected by CAS Documentation and Information System: 2011

单位：万册 (ten thousand volumes)

	合 计 Total	中 文 Chinese	西 文 Western languages	日 文 Japanese	俄 文 Russian	其 他 Other languages
图书总册数 Total number of books	491	247	166	23	54	1
其中：国家科学图书馆总分馆 Of which: Collected by NSL and 3 Branches	168	78	51	12	26	1
期刊总册数 Total items of periodicals	2604	548	1790	139	125	2
其中:国家科学图书馆总分馆 Of which: Collected by NSL and 3 Branches	835	286	405	81	62	1

12-4 文献情报系统馆藏其他文献情况(2011 年)

Statistics of Other Documents Collected by CAS Documentation and Information System: 2011

	古籍(册) Ancient books (volume)	学位论文(篇) Theses (article)	会议录(册) Proceedings (volume)	专利文献(件) Patents (item)	照片图纸(张) Photos and blueprints(frame)	科技报告(篇) S&T report (article)
总 计 **Total**	**655456**	**1749169**	**203619**	**40753**	**1790556**	**382816**
其中：国家科学图书馆总分馆 Of which: Collected by NSL and 3 Branches	477079	1701605	191818	30000	2010	245132

	成果资料(件) Achievement documents (item)	标准文献(件) Standard documents (item)	音像制品(盒) Audio-visual document (box)	缩微制品(盒) Microform (box)	其他(件) Others (item)	
总 计 **Total**	**65327**	**128003**	**109369**	**1254397**	**340079**	
其中：国家科学图书馆总分馆 Of which: Collected by NSL and 3 Branches		19148	54943	1217908		

12-5 文献情报系统情报服务情况(2011 年)

Documentation Services Provided by CAS Documentation and Information System: 2011

	文献流通(册・次) Documents circulated (volume・times)	馆际互借(册・次) Inter-library loans (volume・times)	全文传递(篇) Document Delivery (article)	全文库下载量(篇) Full-text download (article)	网络服务(点击次数) Services of a network (times)	国际交换(册) International document exchange (volume)	文献复制(页) Document reproduction (page)	到所培训/读者培训(次) On-site /User trainning (times)
总 计 **Total**	**512540**	**17445**	**142728**	**33864800**	**39754174**	**8029**	**6535122**	**1451**
其中：国家科学图书馆总分馆 Of which: Collected by NSL and 3 Branches	190768	3058	123695	5616660	17726342	1798	4557000	747

12-6 文献情报系统情报加工与服务情况(2011 年)

Information Processing and Services Provided by CAS Documentation and Information System: 2011

	情报服务 Information services			二次文献加工 Secondary information processing		情报调研报告(篇) Information analysis reports (article)
	专题咨询(次) Special subject consultation (time)	文献检索(条) Documentation retrieval (item)	科技查新(项) Novelty-searching (item)	文摘(条) Abstract (item)	数据库数据加工(条) Data processing (item)	
总 计 **Total**	**32744**	**111633**	**2846**	**842217**	**13778552**	**1801**
其中：国家科学图书馆总分馆 Of which: Collected by NSL and 3 Branches	17403	5183	1552	759723	13983529	1456

12-7 图书

Classification of

年 份 Year	合 计 Total		科学出版社 Science Press		
	初版(种) First edition (title)	重版(种) Republication (title)	初版书 First edition		
			种 (title)	万字 (ten thousand Chinese characters)	万册 (ten thousand volumes)
总 计 Total	**47799**	**49055**	**45078**	**1763175**	**38079**
1950~1954	238		238	3157	106
1955~1965	3301	1557	3301	71427	1396
1966~1970	172	126	172	4834	188
1971~1977	892	177	892	21508	3981
1978~1985	3140	748	3140	89744	5867
1986~1990	2707	479	2480	76280	1758
1991~1995	2925	881	2439	90186	2270
1996~2000	4582	3809	4088	183618	4099
2001~2005	10587	12834	9951	402938	8821
2006	2490	3295	2344	97995	1596
2007	2559	3895	2447	111446	1331
2008	3183	3486	3015	132087	1469
2009	3553	5174	3383	165253	1598
2010	3533	5927	3402	159585	1759
2011	3937	6667	3786	153117	1840

出版情况
Books Published

		中国科学技术大学出版社 University of Science and Technology of China Press				
重版书 Republication		初版书 First edition			重版书 Republication	
种 (title)	万册 (ten thousand volumes)	种 (title)	万字 (ten thousand Chinese characters)	万册 (ten thousand volumes)	种 (title)	万册 (ten thousand volumes)
47482	**62721**	**2721**	**105358**	**2281**	**1573**	**1152**
1557	452					
126	26					
177	1547					
748	2483					
436	365	227	7130	256	43	78
631	990	486	16315	886	250	321
3605	5141	494	20644	306	204	205
12510	20402	636	25968	340	324	171
3213	4252	146	5700	66	82	33
3785	4333	112	4742	41	110	44
3390	4478	168	6551	63	96	41
5018	5635	170	7464	230	156	74
5798	5878	131	5141	40	129	70
6488	6739	151	5703	53	179	115

12-8　图书出版情况(2011 年)
Classification of Books Published: 2011

单位：种　　　　(title)

学科及书类 Field and type	合 计 Subtotal	科学出版社 Science Press	中国科学技术大学出版社 University of Science and Technology of China Press
总　计 Total	**10604**	**10274**	**330**
一、按学科分 By field			
数学、力学 Mathematics & mechanics	877	844	33
物理 Physics	238	218	20
化学 Chemistry	336	327	9
天文学 Astronomy			
地学 Earth sciences	266	261	5
生物学 Biological sciences	550	547	3
技术科学 Technological sciences	2231	2146	85
综合类 Comprehensive	6106	5931	175
二、按书类分 By type			
专著 Monographs	1623	1579	44
基础理论 Basic theory	605	425	180
论文集 Collected works	106	104	2
应用技术 Applied technology	630	577	53
基本资料 Basic information	131	130	1
工具书 Reference books	48	48	
科普 Popular science	254	253	1
综述评论 Reviews	36	35	1
其他 Others	7171	7123	48

12-9 自然科学期刊分类情况(2011 年)
Classification of Periodicals in Natural Sciences: 2011

单位：种 (title)

	总计 Total	学术 Academic journals	技术 Technological journals	检索 Retrieval journals	科普 Popular science	指导 Instructional journals
一、期刊总数 Total number of periodicals	334	269	26	2	26	11
二、刊期 Frequency						
周刊 Weekly	1				1	
旬刊 Three issues per month	2	2				
半月刊 Semimonthly	8	3			5	
月刊 Monthly	130	99	11	1	14	5
双月刊 Bimonthly	135	115	13	1	3	3
季刊 Quarterly	57	49	2		3	3
半年刊 Semiannually	1	1				
三、学科 Field						
综合 Comprehensive	33	18			6	9
数学 Mathematics	18	16	1	1		
力学 Mechanics	9	9				

续表 12-9

	总 计 Total	学 术 Academic journals	技 术 Technological journals	检 索 Retrieval journals	科 普 Popular science	指 导 Instructional journals
物理学 Physics	31	26	4		1	
化学 Chemistry	26	25	1			
天文学 Astronomy	9	7	1		1	
地学 Earth sciences	56	51			5	
生物学 Biological sciences	55	49		1	5	
农学 Agriculture sciences	6	5	1			
环境科学 Environmental sciences	18	17	1			
技术科学 Technological sciences	64	43	15		6	
其他 Others	9	3	2		2	2

注：其中英文版期刊 72 种。

Note: There are 72 journals published in English.

(G-2318.0101)

ISBN 978-7-03-035813-4

9 787030 358134 >